カリスマに学ぶ
目の前の壁を
突破する力

大下英治

水王舎

カリスマに学ぶ目の前の壁を突破する力

大下 英治

はじめに

わたしは、これまで四百冊を超える作品を上梓してきた。ドキュメントが多く、多くの政、財、官、芸能、アウトローの興味深い人たちに会い、描いてきた。カリスマといわれる人たちの取材は、特に胸を打った。彼らの人生のそれぞれの凄まじい戦いぶりにはペンが躍った。

人生で壁にぶつかった時、人は二通りに分かれる。

前に進むことをあきらめて、頭を低くして生きていく者と、なんとかして壁をぶち破ろうともがく者だ。

本書で取り上げた12名のカリスマは、言うまでもなく後者である。彼らは、カリスマだから壁を乗り越えたのではない。挫折し蹉跌をなめ踏みつけられてもなお、立ち上がり、戦い、勝利したゆえにカリスマの称号を手に入れたのだ。

彼らにとっては、逆境もまた這い上がるためのチャンスであったのだ。

田中角栄、孫正義、小泉純一郎、安倍晋三、中内㓛、堀江貴文、井深大、本田宗一

郎、橋下徹、渡邉恒雄、小佐野賢治、堤義明…みな、聖人君子ではない。むしろ悪名といってもいい。

しかしこれは当たり前のことなのだと思う。なぜなら、彼らが戦いを挑んだのは、硬直した官僚制度であり、旧い商慣習であり、既得権益層であり、世の常識であったからだ。

これらに歯向かえば、たちまち「悪」のレッテルを貼られ、寄ってたかって潰される。そんなことは百も承知で、なお戦いを挑んだからこそ、彼らは輝いているのである。

小泉純一郎は「悪名は無名にまさる」と言った。既得権益を死守するためにスクラムを組んだ「オールド日本」にどでかい風穴を開けるために、彼は「悪名」をまとうことを潔しとしたのである。

壁の破り方は一様ではない。12人それぞれの個性に溢れた戦いぶりから、読者諸氏が感じるところがあれば、幸いである。

大下 英治

CONTENTS
目次

カリスマに学ぶ突破術①

学歴と官僚社会を突破した男

田中角栄

――平民宰相はいかにして高学歴官僚を操縦したか

田中 角栄【年表】

- ・1918年（ 0歳） 新潟県刈羽郡（現柏崎市）の農家に生まれる。
- ・1947年（29歳） 第23回総選挙で新潟3区から民主党公認で出馬し当選。
- ・1954年（36歳） 自由党副幹事長に就任。
- ・1957年（39歳） 第一次岸改造内閣で郵政大臣に就任。
- ・1962年（44歳） 第二次池田内閣で大蔵大臣に就任。
- ・1965年（47歳） 自由民主党・幹事長に就任。
- ・1970年（52歳） 第三次佐藤改造内閣で通商産業大臣に就任。
- ・1972年（54歳） 「日本列島改造論」を発表。
自由民主党総裁に就任。第一次田中内閣が成立。
日中国交正常化を実現。
- ・1973年（55歳） 日ソ共同声明を発表。
- ・1974年（56歳） 内閣総辞職を表明。
- ・1976年（58歳） ロッキード事件が発生、逮捕される。
- ・1985年（67歳） 創政会が発足　脳梗塞で倒れ入院。
- ・1986年（68歳） 関越自動車道が全線開通。
- ・1987年（69歳） 竹下登が経世会を旗揚げ。
- ・1989年（71歳） 政界引退（当選16回）、越山会も解散。
- ・1993年（75歳） 死去。

史上最年少の大蔵大臣

昭和三十七年七月十八日、内閣改造がおこなわれた。

大蔵大臣に田中角栄が就任した。

田中角栄は、四十四歳の史上最年少の大蔵大臣として初登庁の日、大蔵省三階の大講堂の壇に上がった。田中は、大蔵省の課長以上が勢ぞろいして見上げる視線を浴びながら、闘志を剥き出していた。

〈こいつらに、負けてなるものか。こいつらを、いまにねじ伏せてやる！〉

大蔵官僚たちが、自分を非難していることは、親しい新聞記者を通じて、耳に入っていた。

「大蔵大臣になるのに、四つのふさわしい条件というものがある。『副総理級であること』『財政金融について経験知識をもつこと』『ある程度の年配であること』『各省、党の要求に対して、ノーと言えること』今度の田中は、その四つの条件のすべてを欠いているじゃないか。ひどい大臣がくるものだぜ」

初訓示の出来、不出来は、省幹部の大臣評価の目処になる。が、田中は、居丈高になることなく、じつに開けっぴろげで自然に訓示をはじめた。

「わたしは、ごらんのとおりの無学です。さいわい、みなさんは、天下の秀才ばかりである。せいぜい、わたしも勉強をさせてもらうが、みなさんは、思いきって仕事をしてください。責任は、すべてわたしがもちます」

田中角栄は、その直後、文京区目白台の自邸で、二人の大蔵官僚と対峙していた。

「きみたちは、このおれが、大蔵省の細かな行政について、何もわかっとらんと考えとるらしい。が、本当にそう思っとるんだったら、けしからん！」

田中は、大蔵官僚たちが、自分を尋常高等小学校卒ということで心の底で馬鹿にしていることはわかっていた。

「おい！」と言って、秘書に、応接間の壁の戸を開けさせた。そこには、ずらりとファイルが並んでいた。

田中は、そのファイルを指差して二人に言った。

「見てみろ！　おれは、こうやって、各省庁のすべての資料を、初めから全部とってあるんだ。おれの頭のなかには、それが全部入ってる。なんなら、ここで、しゃべってもいいんだぞ！」

さすがの大蔵官僚も、そこまで田中に凄まれると、恐縮のしっぱなしであった。

最後は、「どうも、すみません」と頭を下げ、肩を落として帰っていった。

その一件以来、その大蔵官僚二人は、田中に従わざるをえなくなった。

実務を牛耳る課長クラスを懐柔する

田中は、この一件で、覚悟を決めた。

〈生意気なあの二人のような、局長、次官クラスは、今後、まともにおれの言うことに耳を傾けまい。それより、実際に省の仕事をしている課長、課長補佐連中から、仕事の段取りを教わろう〉

田中は、それからというもの、むしろ課長、課長補佐連中に近づいて言った。

「おれは、小学校しか出とらんからよく大蔵省のことはわからん。きみたちは、専門家だからよく知っとる。おれに教えてくれんか」

彼らのなかでも、特に優秀な、見どころのある人間は、直接自宅に呼んで話を聞いた。

帰りには、お土産を持たせた。一万から二万円はするような高級佃煮セットであった。そんな高価なものは若い連中には買えない。家族持ちには、盆暮れに、ふるさと新潟の米コシヒカリを贈った。課長クラスに対しては、奥さんが病気である、子供が大学へ入った、という細かいことまでよく調べておいて、そのつど、お見舞い、お祝いをした。見どころのある人間の家の冠婚葬祭には、ほとんど出席していた。

そういう細かい心尽くしを受けると、だれでも、胸を開くようになる。田中は、ひそかに彼らから、大蔵省内部の派閥関係まで細かく報告を受けていた。そうして人脈の流れをつかみ、将来の青写真を描いていった。

大蔵省では、課長までが実務をやるが、それから上の局長、次官になると、実務のことはわからない。田中は、次官から説明を受けたとき、逆に、彼らにやりかえした。

「おい、ここは、おかしいじゃないか。これは、こうじゃないか」

田中は、課長クラスから前もって得た知識をもとに、具体的に指摘した。

次官も、それからは、学歴のない田中角栄に、一目置くようになった。

他の大蔵大臣では、まちがってもこういう方法をとった者はいなかった。田中は、省内でいちばん仕事をしているプランナーからの情報だけを頼りに、未知の大蔵省を切り開いていったのである。

陳情客を感激させた田中角栄の人心収攬術

田中角栄は、そのようにして、相沢英之主計局総務課長（のちに経企庁長官）や、鳩山威一郎主計局次長（のちに外務大臣）、高木文雄（のちに国鉄総裁）ら大蔵官僚を魅きつけた。その当時、大蔵省の二大系脈といわれていた池田勇人人脈、つまり、森永貞一郎（のちに日銀総裁）、石野信一（のちに太陽神戸銀行頭取）、谷村裕（のちに東京証券取引所理事長）ラインと、福田赳夫人脈、つまり、佐藤一郎（のちに経企庁長官）、澄田智（のちに日銀総裁）、橋口収（のちに公正取引委員会委員長）ラインのあいだに割りこむようにして、田中人脈をつくりあげていった。

なかでも相沢英之は、のちに代議士となったときには、田中シンパとして出馬する。

田中の人心収攬術には、独特のものがあった。田中は、午前中に平均四十組にもおよぶ客をさばく。

田中は、それだけの人数をさばきながらも、一人ひとりの心を自分に魅きつける術を知っていた。一回の陳情に割く時間は、だいたい三分にすぎない。田中は、その時間のなかで、客の陳情をすばやく判断し、できることは、「なんとか、やってみよう」

と言う。

逆にできないことは、はっきり「できない」と言う。

物事を曖昧にし、できないことをいつまでもできないと言わないで、相手を生殺しにするようなまねはしない。一方、「なんとか、やってみよう」と言うときは、かならずできる、と踏んだときである。

そして、その陳情を、秘書に二日か三日で手際よく処理させ、客に連絡させる。田中のすばやい対応に陳情客の感激も、倍加する。

〈やっぱり、田中先生は、凄いんだ〉

初めての客もやってくる。その客と会うのも、やはりわずか三分だ。

二時間で陳情客が帰ると、初めての客の名刺を、秘書に整理させる。

その客が二度目にやってくるときに、事前に秘書にその客自身、あるいは家族、親戚などの近況を調べさせておく。もちろん、前回五分ぐらいしか会っていないので、名前など覚えてはいない。相手が来るまでに名前も、しっかり覚える。

そうして、相手がやってくると、

「よう、○○君、元気かい」

というように相手の名前をはっきりと言って声をかける。

相手は、まさか自分の名前など大蔵大臣が覚えているはずはないだろうと思っている。しかし、田中は、名前を覚えていてくれた。大蔵大臣から、自分の名前を呼ばれたということに、無上の喜びを感じる。

さらに、田中は、秘書に調べさせておいた相手の近況を言う。

「きみんとこの息子さん、××さんとこの娘と結婚したそうじゃないか。いや、よかった、よかった……」

こうして、相手は、完全に田中に惚れこんでしまう。

エリート官僚も舌を巻いた田中の政治力

大蔵大臣としての田中角栄にとって、第一の難関は「ガリオア・エロア」の対米債務支払いの問題であった。その問題が国会を通らないことには、政府・大蔵省の威信にかかわる。

が、この問題は、じつは前国会で流れていたいわくつきのものである。ガリオアというのは、アメリカの占領地救済資金のことである。第二次世界大戦後のアメリカ軍占領地域における疾病・飢餓を防止し、社会不安を除去して占領行政を円滑にするために、アメリカ政府の予算から支出された援助資金をいう。その供給金額は、エロア資金、つまり占領地経済復興援助金と合計して約十九億ドルに上り、日本の債務となった。

田中は、佐藤一郎官房長から、百十万語にものぼる水田三喜男前蔵相、小坂善太郎前外相の国会答弁の速記録を渡された。

田中は、佐藤一郎から釘を刺されていた。

「この国会答弁とちがう答弁を一つでもすれば、野党が騒ぎ出して国会審議は全部ストップになる。だからくわしく、しかも全部覚えてほしい。そのうえで新しいことや補足は大蔵省と外務省の担当者が説明します」

昭和三十七年八月四日、いよいよ第四十一回臨時国会がはじまった。

田中は、財政六法一冊を手に持ち、衆参両院の審議にのぞみ、訴えた。

「ガリオア・エロア援助は、日本国民のためにプラスだった。だから相手が返済を要求してきた場合、払える力があれば、払わなくてはならない。ただし、払うときには、国の財政の余力を十分に考えて、日本の財政ペースに近づけるような方向で支払うべきだと思います」

田中の方針のために、国会審議は少なくとも何分の一かの時間で終わった。ガリオア・エロア援助の産業投資特別会計法改正案は、通過成立し、田中は、第一の難関をなんとか乗り切った。

田中は、このあとも、あらゆる省庁や党内からの圧力をはね返すうえで才覚を発揮した。

大蔵省出身の池田首相が、公債発行論に傾きかけたときも、大蔵官僚の金看板である「均衡財政」を掲げ、敢然とその動きをつぶしてしまった。

田中角栄を心のなかで馬鹿にしきっていた大蔵省のエリート官僚たちも、しだいに田中の政治力を評価せざるをえなくなっていた。

大蔵官僚を慌てさせた放言

大蔵省二階にある大蔵大臣室は、緊張した雰囲気に包まれていた。昭和三十八年度予算編成を前にした三十七年十一月上旬であった。

大臣室のソファーに座った石原周夫事務次官（のちに日本開発銀行総裁）が、身を乗り出し、田中に、おそるおそる言った。

「大臣、おわかりのこととは思いますが、大蔵大臣というものは、どんなことでも、いちおう反対するのが仕事というものです。歴代の大蔵大臣は、全員そうしてまいりました。それが通り相場ですから、反対しても不思議はありません。そのつもりで、ひとつ、よろしく」

そばには、石野信一主計局長ら数人が同行していた。

しかし、田中は、断固として蹴った。

「わたしは、政調会長になる以前から、積極派の田中といわれてきた。いまさら、日銀みたいな慎重論を言うわけにはいかん！」

石原らは、不安そうな顔で、しぶしぶ引きあげていった。

その翌日、田中は、東海道線に乗って大阪へ向かった。秋恒例の、大阪でおこなわれる貨幣大試験に出席するためであった。

おなじ列車のなかにいた大蔵省の記者クラブである「財政研究会」の記者たちから、田中は、水を向けられた。

「大臣、三十八年度予算の規模は、どのくらいに考えたらいいのでしょうか」

予算は、まだ大臣ベースに乗っていない時期で、事務当局査定の段階である。普通なら年を越すから、また順調でも大晦日ぎりぎりにしか決まらない。が、田中は、はっきりと言ってしまった。

「一般会計規模は、二兆八千三百億から五百億、財政投融資総額は、一兆円以上、いや、ひょっとすると、一兆一千億円程度になるかもしれない。減税規模は五百億円だな」

昭和三十六年、三十七年の両年度一般会計総額は、対前年比二四パーセント以上も拡大され、そのうえになお自然増収が見積もられ、補正財源も確保できた。が、三十八年度予算からは、財源も苦しくなる。健全均衡予算である限り、対前年比一六・七パーセントが限度と思われた。

ところが、田中の列車内での発言が新聞に出、大蔵官僚たちは、憤慨した。

「大変な放言をしてくれたものだ」

なにしろ、大蔵省としても、まだ数字を洗い出していない段階である。それなのに、早々と「積極大型」の予算数字をしゃべってしまったのである。

しかし、田中は、その数字に自信をもち、心のなかでにやりとしていた。

〈おれの言ったことが〝放言〟かどうか、いまにわかる〉

田中は、例によって、大蔵省の幹部たちが気がつかないうちに、実際に省の仕事をしている課長、課長補佐連中などから、重要な資料を取り寄せ、およその見当をつけていた。
〈おれは、急所をつかんでいる。勘が、大きくはずれるわけはない〉

引くときには引く。これも戦いの要諦

田中角栄の大臣折衝のなかでは、河野一郎建設大臣との折衝が、一つのヤマであった。

河野一郎は、党人派の代表的存在で、吉田政権下に台頭した官僚政治家と激しい政権争奪戦を展開していた。河野は、昭和三十七年七月の第二次池田内閣の改造で、建設大臣に就任しただけでなく、事実上の副総理扱いをされていた。田中の親分である佐藤栄作は、科学技術庁長官にまわっていた。閣内の比重は、河野が佐藤を超えることになった。

河野は池田に信任され、池田派のなかにも、親河野分子が生じはじめていた。

次期総理はおれだ、と自信満々な河野は、田中角栄との一騎打ちに、一歩も引かぬ構えでのぞんだ。

河野は、大蔵大臣室に入ってきて、椅子に腰を下ろすなり、ドスのきいた声ですぐ話を切り出した。

「道路百十億円、治山治水四十五億円、下水道十億円、計百六十五億、これだけを復活してもらいたい。これだけやったら文句は言わない」

田中の考えは、主計局の次長から、あらかじめ党建設部会の代表や建設次官へも通しておいた。この復活額は呑めないものでもなかった。

田中は、扇子をパシリと音をさせて閉じると、一言で答えた。

「思いきりよく、出しましょう！」

河野は、田中の返事を聞いた瞬間、にんまりとした。河野との折衝は、わずか五分間で終了した。マスコミの一部は、この折衝を、「一秒五億円の折衝」と評した。

が、田中は、今回は、河野と衝突するつもりはまったくなかった。

〈引くときには、計算し尽くしたうえで、あっさり引く。これも戦いの要諦さ〉

三十八年度予算は、こうして田中の手もとを離れた。三十八年度総予算の政府原案は、昭和三十七年十二月三十日の臨時閣議で決定された。一般会計の規模は、二兆八千五百億八百万円、財政投融資総額は一兆一千九十七億円、減税規模は初年度五百四十二億円であった。その数字は、田中が東海道線のなかで記者を前にして言った数字と、あまりに近い数字であった。

一部の新聞や週刊誌などから、「歩くコンピュータ」などとおだてられたり、ひやかされたりした。

田中は、ほくそ笑んでいた。

〈どうだ、おれの勘は、捨てたものではあるまい〉

田中角栄は、大蔵大臣として力を発揮し、総理への道を驀進していく…。

田中 角栄◆勝利の方程式

田中角栄は、小学校卒という学歴ゆえに、特に東大出身の政治家には敵愾心を燃やしていた。官僚の中でも、特に大蔵省は東大卒の集まりで、官僚の中の王といわれていた。

田中は、その大蔵省に大臣として乗り込むと、幹部の事務次官、局長クラスより、課長、課長補佐クラスに目をつけた。実際に省の仕事をやっているのは、課長、課長補佐クラスである。彼らを自宅にまで呼んでかわいがり、情報を仕入れた。

田中は、次官や局長から説明を受けた時、実務のことが分からない次官に対して、逆に課長クラスからの情報をもとに、彼らにやり返した。

「おい、ここはどうなっている。おかしいじゃないか」

この戦法に、次官、局長クラスも、ついに田中を認めはじめたのである。このようにして、田中が手がけ自分のシンパにした官僚たちがのちに経企庁長官、外務大臣、国鉄総裁、日銀総裁、証券取引所理事長などになり、田中にとって大きな財産になっていく。

さらに、相沢英之にしろ、鳩山威一郎にしろ、山下元利にしろ、のちに田中派の議員に引き入れ、田中軍団を支えさせる。

直にやりあっても素直に従う相手ではない…

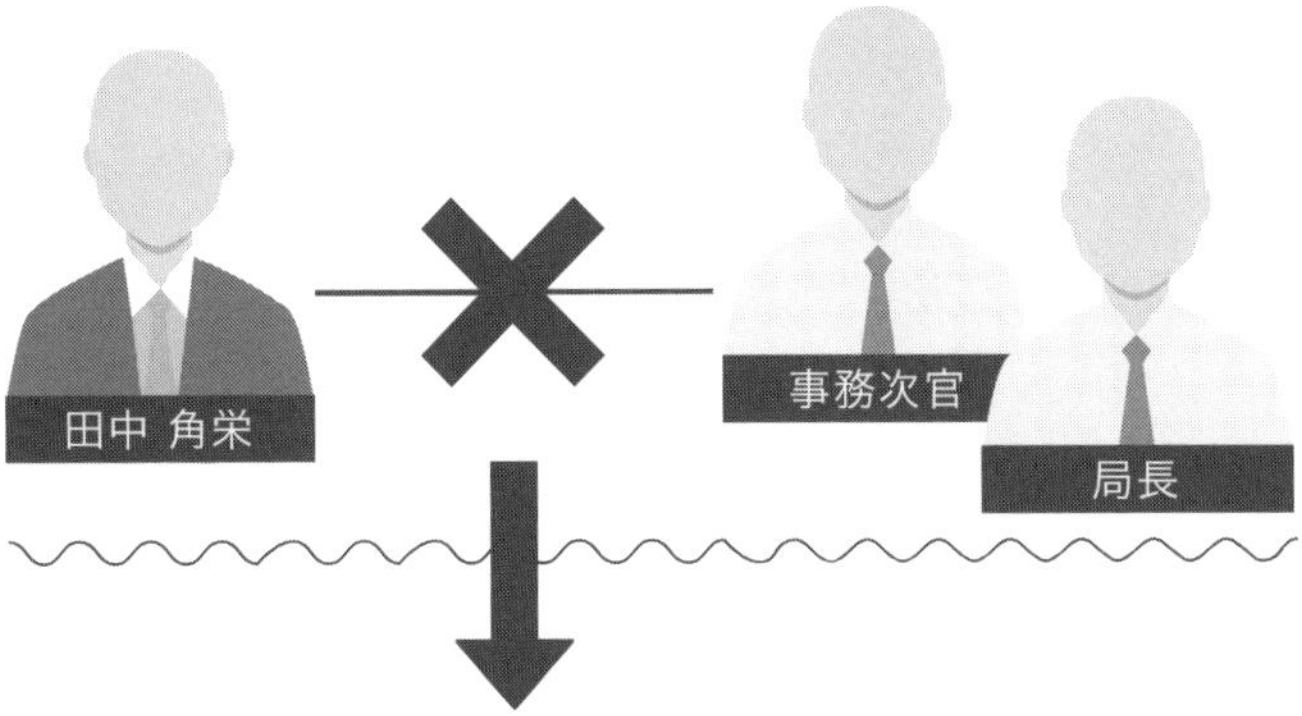

実務連中を手なづけ情報を武器に官僚を操縦

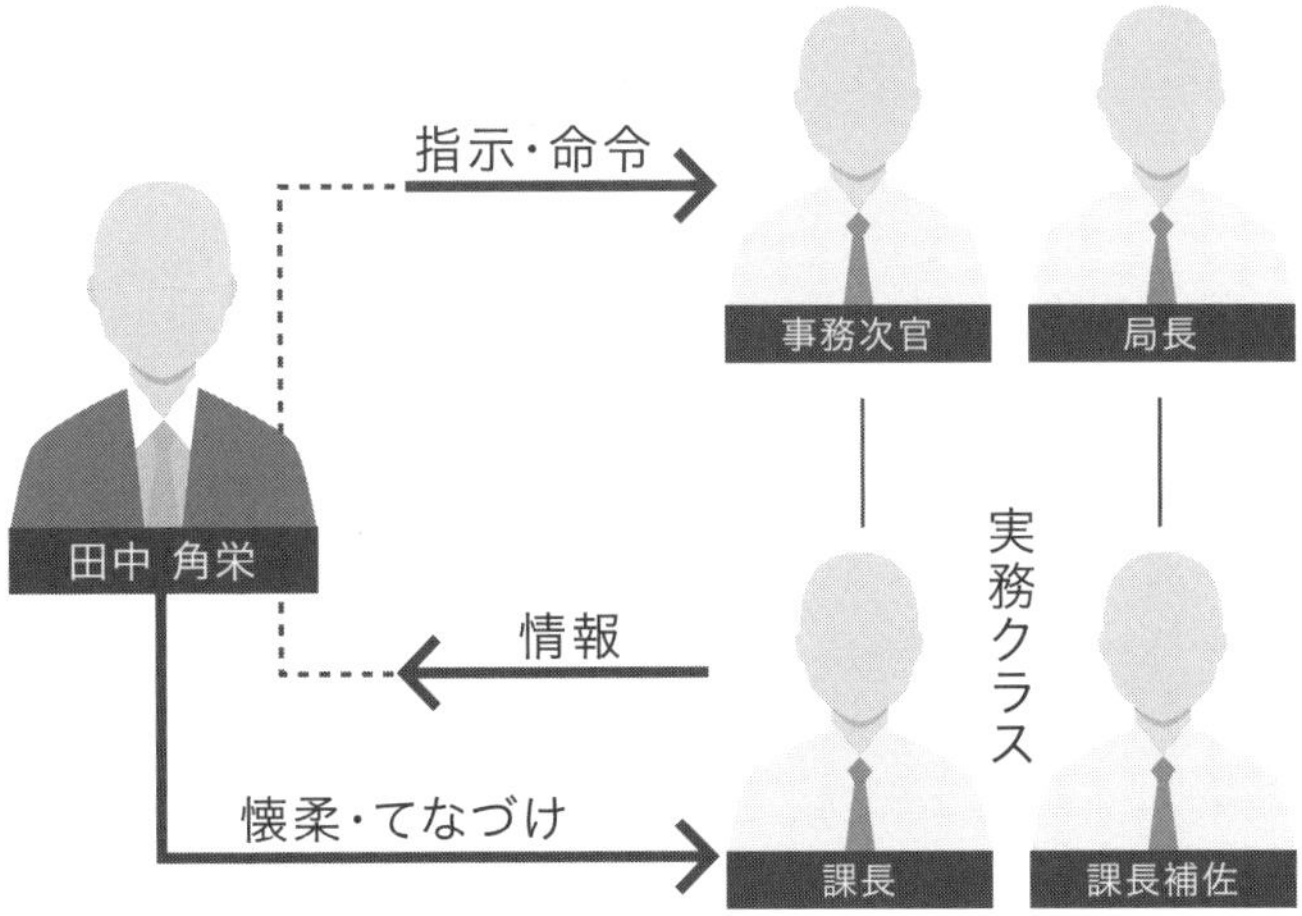

カリスマに学ぶ突破術②

既得権益勢力との戦い

孫正義

――信念を曲げずに携帯電話事業進出を果たす

孫 正義【年表】

・1957 年（ 0 歳）　佐賀県鳥栖市に在日韓国人の家庭に生まれる。
4 人兄弟の次男。

・1980 年（23 歳）　カリフォルニア大学バークレー校を卒業
学位は、経済学士。

・1981 年（24 歳）　日本ソフトバンクを設立。

・1994 年（37 歳）　ソフトバンク株式会社の株式を店頭公開。

・1996 年（39 歳）　米ヤフーとソフトバンクの合弁で
ヤフー株式会社を設立。

・2001 年（44 歳）　ADSL 接続サービスの Yahoo!BB の提供を開始。

・2004 年（47 歳）　日本テレコム株式会社
（現ソフトバンクテレコム株式会社）を買収。
福岡ダイエーホークスと福岡ドームをダイエーから
買収し、福岡ソフトバンクホークスの
オーナーに就任。

・2006 年（49 歳）　ボーダフォン株式会社
（現ソフトバンクモバイル株式会社）を買収。

・2007 年（50 歳）　58 億ドル（約 6800 億円）で
日本人長者番付 1 位。

四年後のモバイルインターネット時代に照準を定める

九百社のグループ企業を率いるソフトバンク社長の孫正義が、携帯電話事業に照準を定めたのは平成十六年（二〇〇四年）のことであった。

〈携帯電話のインターネットマシン元年は、もう目の前にまで来ている〉

携帯電話にとってエンジンにあたるCPU（中央演算処理装置）の性能が格段に上がり、携帯電話に搭載するCPUでも、高度な処理ができる見通しがたち、携帯電話でのインターネット通信速度が、パソコンに負けないほどの速度になる。さらに、携帯電話の画面が、大きく、見やすくなる。さまざまなテクノロジーの進化が、ユーザーのインターネットとの付き合い方を変えていく。PC中心だった接続が、携帯電話中心となる。

そのスタートとなる、いわゆる、モバイルインターネット元年は、平成二十年（二〇〇八年）となる。孫は、そう確信していた。

孫は、携帯電話事業に進出するために、総務省に対して、許認可を要請した。しかし、総務省は、表向きでは、新規参入を歓迎する立場を取りながら、あきらかに新規参入を拒んでいた。ＮＴＴドコモやａｕの既得権益を保護する姿勢を取りつづけていた。孫は、行政訴訟を起こし、総務省と闘った。

二〇〇四年九月六日、孫は記者会見して語った。

「ＮＴＴドコモやＫＤＤＩのａｕと同じ周波数帯域の八百メガ・ヘルツ帯域での携帯電話事業への参入を目指す」

ソフトバンクは、二〇〇〇年ごろから、携帯電話事業への新規参入の申請を、総務省に数えきれないほど掛け合ってきた。デジタル情報革命へと突き進むのに、携帯電話事業への進出はなくてはならないものであった。だが、そのたびに総務省から断わられてきた。

国内で携帯電話用の周波数帯として使われているのは、八百メガ・ヘルツ、一・五ギガ・ヘルツ、二ギガ・ヘルツの三つある。このうち、電波争奪戦が激しいのが八百メガ帯域であった。周波数が最も低く、波長が最も長い。既存の通信方式も使えるうえに、電波の到達距離が最も長く、基地局数を少なくできる。事業者は、設備投資も抑えられる。早期にサービスを開始できる。

しかし、総務省は、明らかに、ＮＴＴドコモ、ＫＤＤＩといった既存の企業の既得権益を保護している。八月に発表した携帯事業再編では、多くの人たちから意見を求める、いわゆるパブリックコメントを募集してはいたものの、それはあくまでも形だけにすぎなかった。携帯電話の周波数割り当て方法が不公平で、参入障壁になっていた。

孫は、意見書を総務省に提出し、総務省からの天下りを受け入れないことを表明した。総務省と〝全面対決〟する姿勢を示した。

意見広告で世論を動かす

九月六日、『いま声をあげなければ、この国の携帯電話料金はずっと高いままかもしれません。』と書かれたソフトバンクの意見広告は、全国紙に掲載された。ほとんど誰にも知られない、ホームページの隅っこに載せている形式だけのパブリックビューイングコメント募集に対して、強い批判を真正面からぶつけたのは、広告界ではじめてのことであった。国民の関心事でもある携帯電話に関わることが、密室で決められることに、意見広告を読んだ読者たちは反発を感じたに違いない。威力も圧倒的であった。

反響は凄まじかった。

「もっとオープンに意見公募をするべきだ」

「ソフトバンクに、携帯電話事業の認可を与えるべきだ」

一日に二万件から三万件のコメントが、総務省に殺到した。

新聞広告をこのように使う発想そのものが凄い。過去にこのようなことを、このような規模でやったのはほとんどなかった。

孫は、正しいことは正しいとはっきりと主張すべきだと考えている。そのためには、国家権力を背景にしている役所だからといってもひるまない。その信念を貫いている。読者は、孫のそのような戦う姿勢を敏感に感じとっている。だからこそ、孫は、さまざまなひとたちから共感も得られ、社会に対してもインパクトを与えることができる。

さらにソフトバンクは、平成十六年十月十三日、携帯電話向け周波数割り当てをめぐって、総務省の提訴に踏み切った。

記者会見した孫は、激しい口調で語った。

「総務省は、携帯電話用に使われている八百メガ・ヘルツ帯域の周波数について、現在利用しているドコモとＫＤＤＩにだけ配分する案を公表した。配分を申請する機会をほかの事業者に与えなかったのは電波法で定められた手続きを経ず、違法だ。さらに、総務省が密室の話し合いでドコモとＫＤＤＩに周波数を独占的に与え、ソフトバンクの参入の機会を実質的に奪った」

総務省は、有識者で構成する「携帯電話用周波数の利用拡大に関する検討会」を設置した。

再編方針案決定の手法に非はないとしながらも、「方針案の決定過程が不透明」などとするソフトバンクの批判に応えた。周波数再編に関わることで、総務省が公聴会を開くのははじめてのことであった。

孫は、強調した。

「ソフトバンクの携帯電話事業参入が実現すれば、世界一高い携帯電話料金が大幅に下がり、日本の消費者の利益になる」

孫は、公聴会「携帯電話用周波数の利用拡大に関する検討会」が開かれるたびに出席した。

ところが、平成十七年二月八日、孫には信じられない発表が、総務省から出された。

「新規参入事業者への割当は、行いません」

新規参入事業者への割当をすることは、既存利用者の利益を損ねる可能性が高いというのが理由であった。つまり、ＮＴＴ、ＫＤＤＩに割り当てるというのである。

孫は、声が出なかった。

〈何のためのパブリックコメントだったのか、何のための公聴会だったのか〉

難渋した自力での携帯電話事業進出

結局、総務省は、他の目的に使われていた一・七ギガ・ヘルツ帯を高性能の第三世代携帯電話用とし、平成十八年度から新たに割り当てることを決めた。平成十七年四月二十七日、周波数一・七ギガ・ヘルツ帯での携帯電話事業の実験免許をソフトバンクに与える方針を固めた。

ソフトバンクは、即日実験をはじめる。半年程度かけて電波の伝達特性を調べ、将来の携帯電話基地局の配置などを具体化させる。正式に認可がおりれば激しい価格競争が起きる。

平成十七年十一月、総務省は、ソフトバンクの孫会社であるBBモバイルの携帯電話事業参入を認定した。このことによって、ソフトバンクは携帯電話事業に進出できることとなった。しかし、自力での携帯電話事業進出は、開発費から、施設費、広告費など、莫大な費用がかかる。損益分岐点に達するまでも、五年から十年もの歳月がかかる。展開の速度が違いすぎ、他社の競争にも遅れをとってしまいそうだった。

孫は、いつものように、何度も何度も、アイデアを磨き上げていった。そのうえで、事業計画が上がってきた。

ソフトバンク取締役の笠井和彦（元富士銀行副頭取）は、投資額を見た。

「こんなはずはない。この額では携帯事業など無理だ」

事業計画では、五千億円で、ＩＰネットワークを用いた携帯電話網を築きあげることができると試算していたのである。財務を預かる立場としては、とても見過ごすことはできなかった。

笠井は、その場で言った。

「そもそも、ドコモにしろ、ａｕにしろ、過去に一兆円を超す投資をしている。それでもなお、新たに一兆円を追加しようというのです。ボーダフォン・ジャパンでさえも、毎年二千億円も投資している。それから考えても、ゼロからつくり上げる携帯電話事業が、五千億円で済むとは到底考えられません」

事業計画を提出した役員は、説明した。

「それは、技術の進歩によって可能なのです」

だが、笠井は納得できなかった。

「確かに、技術の進歩はあるかもしれない。しかし、ドコモもａｕも、技術を進歩させているはずだ。それでも、一兆円を投資している。そこを、どう考えるのですか」

ボーダフォン・ジャパンの買収

いっぽう、ソフトバンク独自で携帯電話事業を興す術を模索しているなか、笠井は、財務部長である後藤芳光に訊いてみた。

「ボーダフォン・ジャパンを買収したら、どうなのだろうか」

携帯電話事業で国内三位であるボーダフォン・ジャパンは、世界最大の携帯電話会社、英ボーダフォンが約九十八％を出資する。平成十三年(二〇〇一年)十月に、英ボーダフォンが、Ｊフォングループを傘下におさめて社名変更した。平成十七年(二〇〇五年)三月期の連結売上高は、一兆四千七百億円であった。ボーダフォン・ジャパン買収の可能性については、ときおり、ソフトバンク内でも話題にのぼることがあった。

だが、そのころの主流は、あくまでもソフトバンク独自の手による携帯電話事業への進出であった。ボーダフォン・ジャパン買収は、端のほうに追いやられ本格的に検討されることはなかった。

笠井は、そのボーダフォン・ジャパン買収を改めて見直してみてはどうかと思い立ったのである。ボーダフォン・ジャパンは、ドコモ、ａｕという二大勢力の間に挟まれる状態で、シェアは十七％と三位に甘んじていた。だが、業績的に見ると利益も出ている。いわゆる日本の携帯電話業界は、ドコモ、ａｕ、ボーダフォン・ジャパンの三社で寡占状態になっていた。

孫は、よく言っていた。

「プロ野球でも十二球団、そば屋ならば何万軒。日本の携帯電話業界のように、寡占状態になっている業界はめずらしい」

投資金額をぐっと縮めていけば、利益が出てくる仕組みになっている。もしも買収できるのなら、コストは、独自で編み出すよりもかなり低く抑え込むことができる。もちろん、すでにある程度できた地盤をさらに広げることになるので、スピードも格段に速い。

しかし、笠井は思った。

〈いくつかの数字を見ただけで判断するのは危険だ〉

そこで、後藤に相談してみたのである。

後藤は言った。

「わかりました。もっと細かい数字を見て、検討してみます。一週間ほど、お時間をください」

笠井は、孫には、ボーダフォン・ジャパン買収の可能性について本格的な調査に入ったことだけを話した。

後藤は、笠井の後輩にあたる、みずほ銀行行員とともに、極秘裡に検討を進めた。

約束どおり一週間後に出た答えは、「買収可能」ということであった。

試算によれば、買収総額は二兆円。過去、孫がおこなってきたソフトバンクの数々のM＆Aよりも、はるかに大規模である。

その手法が、ＬＢＯ（レバレッジド・バイアウト）だった。買収先の資産、キャッシュフローを担保に資金調達し、返済は買収した企業の資産、キャッシュフローなどでおこなう。少ない資金で大きな資本の企業を買収できる手法である。アメリカの投資ファンドＫＫＲが、昭和六十三年（一九八八年）に菓子メーカー「ナビスコ」を買収した際、総額三百億ドルのうちの八割、二百四十億ドルを調達した。これが、過去世界最大のＬＢＯと言われていた。その当時、ＫＫＲの手法には批判が相次いだが、現在では一流ファンドと評価されている。

ただし、孫は、現金での買収にこだわった。たいていの企業買収のように、株式を取得することで経営権を握るのは、株式の大量発行につながる。それは株式の価値を落とすこともある。

さらには、一度株式を手放すと、市場から回収することがなかなか困難にもなる。これからソフトバンクグループの根幹事業となる携帯電話事業である。百％のオーナーシップを確保したかった。

しかも、買収のタイミングとしても、まさに今しかなかった。平成十八年十月二十四日からは、ユーザーが携帯電話の番号を変えずに他社と契約し直せる、番号ポータビリティ制度が開始されるまで、一年を切っていた。制度開始後であれば、おそらく、ボーダフォン・ジャパンを安く買収できるに違いなかった。しかし、負けがこみ過ぎた状態で買収すれば、業績を回復させるまでに相当の時間がかかると孫は読んだ。

孫の背中を押した柳井のひと言

ソフトバンク取締役である宮内謙によると、ボーダフォン・ジャパン買収は、二兆円という金額だけでなく、かなりリスクを負わなければならなかった。日本での携帯事業第三位のボーダフォン・ジャパンは、番号ポータビリティ制度がはじまれば、必ずＮＴＴドコモやａｕに、ユーザーを奪われてしまうと見られていたからだ。

孫は、笠井からの報告を受けると言った。

「確かに買収すれば、時間的な効率もあがる。ぜひとも、これで行きたいですね」

孫は、さっそく経営陣を集めた。

休日にもかかわらず港区東新橋にあるソフトバンク本社に、主だった経営陣が集まった。孫は、席に着くと、会議室を見まわした。ソフトバンクモバイル常務執行役員兼ＣＦＯの藤原和彦以下、管理部門の、ソフトバンク経営陣の間で、孫にどちらかというと否定的な意見を口にするいわゆる、〝コンサバ三兄弟〟と呼ばれる三人、そして、ファーストリテイリング代表取締役会長兼社長の柳井正の顔もあった。

役員会では、勢いこんで一気に突き進む、孫正義、副社長の宮内謙、ソフトバンクモバイル専務の宮川潤一の、積極的な〝ラテン三兄弟〟に対し、柳井は日頃、シビアな意見を突き付けてくるのだった。ありがたいことに、あえて戒める役にまわってくれるのである。

そんな柳井が、これから孫の発表することを聞いたら、どのように応じるだろうか。おそらく、ソフトバンクの本質を射抜く、辛辣な言葉で迫ってくることだろう。

孫は、内心おだやかではないまま、経営陣を前に発表した。

「ボーダフォン・ジャパンを、買収しようと思っています」

日本国内第三位の携帯電話会社の買収発表に、さすがに会議室はどよめいた。買収額も、これまでとひと桁ちがう二兆円である。

さまざまな意見が飛び交った。あいかわらず、〝コンサバ三兄弟〟は否定的な意見を浴びせかけてきた。

ほぼ極秘状態で調査分析を進めていた取締役の笠井和彦は、応酬した。

議論が熱くなった末に、いよいよ、柳井が発言を求めた。

孫は、さすがに身がまえた。

〈おそらく、柳井社長は、反対するであろう〉

が、ここは、どんなに柳井の発言が説得力にあふれようとも引くことはできない。

孫はそう自分に言い聞かせた。

柳井は、その表情をまったく変えないまま、はっきりとした口調で言った。

「これを買えなかったときのリスクを考えるべきだ」

孫は驚いた。ふだんの柳井からは考えられない肯定的な言動だったからである。

柳井はつづけた。

「この買収は、急いだほうがいい。相手が渋ったら、もう一声出してでも、絶対に買うべきだ」

総合的に、経営全体を見ている柳井である。ソフトバンクにとっての根幹事業が何かをはっきりと見据えていた。

孫は、さっそく動いた。

三月十七日、ソフトバンクは、ボーダフォン・ジャパン買収を発表した。買収総額一兆七千五百億円。さらに、ボーダフォン・ジャパンの負債約二千五百億円を引き継ぐ。実質的な買収総額は二兆円におよんだ。そのうち半分にあたる一兆円を、ＬＢＯによって調達した。日本で過去最大のＬＢＯを利用した企業買収であった。

なお、ボーダフォン・ジャパン株は、ソフトバンク孫会社「ＢＢモバイル」株を百％保有する、ソフトバンクの子会社モバイルテックを介してボーダフォン・ジャパンを間接保有する形をとった。携帯電話事業への新規参入認定は、総務省に返上した。

なお、ボーダフォンは、「ソフトバンクモバイル」に社名を変更する。

孫 正義◆勝利の方程式

孫正義は、携帯電話業界進出に狙いを定めるや、ただちに総務省に許認可を要請した。

しかし、総務省は、新規参入を拒んだ。孫は、総務省からの天下りを受け入れないことを表明した。総務省への宣戦布告であった。

全国紙に意見広告も載せた。

孫は、さらに携帯電話向け周波数割り当てをめぐり、総務省を提訴。現在利用している帯域の周波数をNTTとKDDIにだけ配分するとは「電波法」違反ではないか。孫は、総務省の開いた公聴会で訴えた。

「わが社の参入が実現すれば、世界一高い携帯電話料金が大幅に下がる」

総務省も、孫の迫力についに他の目的に使われていた帯域を割り当てた。

が、孫は、新会社を興すより、ボーダフォン・ジャパンの二兆円もの買収に切り替える。

この買収には、ソフトバンクの取締役でもあり、ユニクロ社長の柳井正も背中を押す。

「これを買えなかった時のリスクを、考えるべきだ」

孫は、業界三位に甘んじていたボーダフォンを、犬を家長にした連続CM「ホワイト家族」の人気で高め、みごと立ち直らせた。

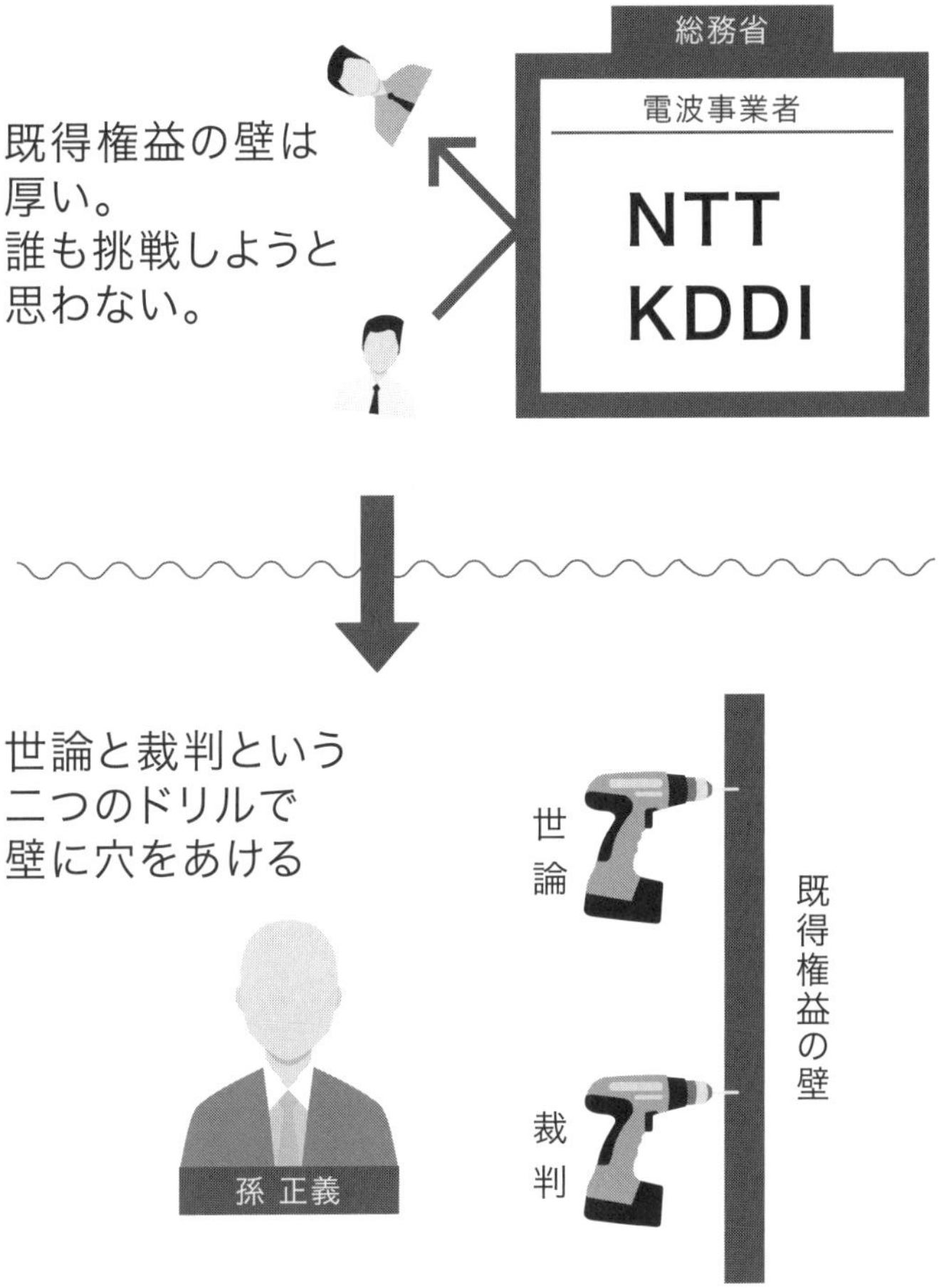
既得権益の壁は
厚い。
誰も挑戦しようと
思わない。
総務省
電波事業者
NTT
KDDI
世論と裁判という
二つのドリルで
壁に穴をあける
世論
裁判
既得権益の壁
孫 正義

カリスマに学ぶ突破術③

構造改革を成し遂げた抵抗勢力との戦い
小泉純一郎

――敵と味方を二分する

小泉 純一郎【年表】

・1942年(0歳)　神奈川県横須賀市に生まれる。
母方の祖父小泉又次郎は第2次若槻内閣で
逓信大臣を務める。

・1967年(25歳)　慶應義塾大学経済学部を卒業。英国に留学。

・1969年(27歳)　衆議院議員総選挙に自由民主党公認で
立候補するも落選。
その後、福田赳夫の秘書を務める。

・1972年(30歳)　第33回衆議院議員総選挙で自民党公認として
立候補し初当選。清和会（福田派）に属する。

・1979年(37歳)　第2次大平内閣で大蔵政務次官に就任。

・1988年(46歳)　竹下改造内閣で厚生大臣として初入閣。

・1992年(50歳)　宮澤改造内閣で郵政大臣に就任する。

・1996年(54歳)　第2次橋本内閣で厚生大臣に就任。

・2001年(59歳)　自民党総裁に選出。内閣総理大臣に就任。

・2002年(60歳)　9月に電撃的に朝鮮民主主義人民共和国
（北朝鮮）を訪問。

・2003年(61歳)　有事関連三法案（有事法制）を成立。

・2003年(63歳)　「郵政解散」。

・2006年(64歳)　任期満了により内閣総理大臣を退任。

・2008年(66歳)　政界引退を表明。
地盤を次男の小泉進次郎に譲る。

派閥、当選回数など無視した「信長的」人事

平成十六年九月十日、小泉純一郎首相は、執念ともいうべき郵政民営化の基本方針を閣議決定した。

小泉首相が、戦国時代の既得権益のしがらみを打破した革命児、織田信長に、自らを重ね合わせていることはよく知られている。織田信長がわずか二千五百の兵で、三万近い兵の今川義元軍を破った桶狭間の戦いも、周到に準備していたという。この内閣改造・党役員人事も、郵政解散のための布陣だったのではないかと中川秀直国対委員長はおもっている。

小泉は、人事は誰に相談することなく自ら決める。それも、部屋に一人こもり、大好きなワーグナーの音楽をボリュームいっぱいかけ、誰をどこに配置すればおもいどおりの勝利をおさめられるかおもいをめぐらせながら決める。信長は、戦国時代にはめずらしく、家来の出自を問うことなく、功績を挙げた者、絶対的に忠誠を尽くし、能力のある者を抜擢した。小泉もまた闘いに勝利をおさめるためには、派閥、当選回数など無視して起用した。武部勤幹事長など、本人が「驚天動地」とおどろいたほど

の大抜擢であった。なお、二階俊博も、いわゆる出もどり組である。が、この大胆な起用が的中し、郵政解散で大勝利をおさめることになる……。

平成十六年十二月二十四日、午後七時過ぎ、小泉首相は、港区虎ノ門のホテルオークラ内の宴会場「ケンジントンテラス」で青木幹雄参院議員会長に語りかけるようにいった。

「織田信長は、桶狭間の戦いで今川義元を討ち取った。あとになってから、あれは必然的な結果だったというけれども、当時は、そうではなかったとおもう。おそらく、信長のまわりにいる者は、『馬鹿なことをする』『とんでもない』といったはずだ。信長は、馬にまたがり、一人で桶狭間に向かって走り、そのあとをみんなが追いかけてきたというが、それは一か八かの勝負だったわけではない。ちゃんと的確に情報を集めていた。雨が降るとか、今川陣営は桶狭間で休んでいるとか、間者を放ってきちんと情報を取っていた。郵政民営化も、それと同じだ。いまは、みんななんだかんだいって、そうはおもわないだろうが、これが実現すれば、あとでかならず、必然の結果だったというだろう」

天下布武を掲げた織田信長は、その障害となった寺社勢力を制圧するため、比叡山延暦寺を焼き討ちにした。小泉首相は、そんな信長に自らを重ね合わせているのだろう。

武部は、そのとき、確信した。

〈総理は、非情といわれようが、なんといわれようが、改革の本丸と位置づける郵政民営化をやり遂げる気でいる。もし、法案が否決されるようなことがあれば、衆議院を解散し、国民に信を問うだろう〉

平成十七年七月四日、郵政民営化関連法案は、衆議院郵政民営化特別委員会で採決がおこなわれた。その結果、法案は、一部修正のうえ自民、公明両党の賛成多数で可決した。決戦の舞台は、七月五日午後の衆議院本会議での採決に移った。

「おれの葬式には、だれも来てもらわなくたっていいんだ」

平成十七年八月六日午後六時十三分、森喜朗前首相は、険しい表情で小泉首相を首相公邸に訪ねた。

森は、衆議院解散をおもいとどまるよう懸命に説得した。

「要は、法案を上げればいいんだろう。一気にやろうとおもわずに、次の臨時国会で審議してもいいわけだし、やり方はいろいろあるじゃないか」

　小泉は、聞く耳を持たなかった。

「絶対に駄目だ。解散が嫌なら、今回、通せばいい。それ以外、解散を避ける方法はない」

　森は、強い口調で迫った。

「総選挙になれば、自民党は厳しい戦いを強いられる。あなたの意見に賛成し、努力しているひとを苦しめて何の意味があるか。特に一回生議員を見殺しにし、路頭に迷わせることがあったら、いったい、どう責任を取るのか」

　小泉は、平然とした顔でいった。

「いいんだ。それでも構わん」

　森は、おもわず口にした。

「あんたは、非情なひとだなあ」

「ああ、おれは非情だ。そんなこと、森さんも昔から知っているじゃないか」

　小泉は、そのうち怒りはじめた。

「そんなに解散が嫌なら、可決のために、努力してくれ。頼む。解散を好んでいるわけじゃない」

森は、再考を求めた。

「誰も、ついていけなくなる。選挙後に党総裁でいられなくなるぞ」

「わかっている。しかし、解散方針は変わらない。可決してくれればいい」

「郵政法案は、審議継続の形で残し、いったん議長預かりにして国会を閉会にしたうえで、日を置かずに再開したらどうか。これなら、わずか一カ月遅らせるだけで目処が立つ」

「昔から、そういうのがうまくいった例はない」

実は、この会談には裏があった。森は、解散すれば自民党は大敗し、野党に転落する恐れがある、それなら、小泉に総理を退かせ、継続審議にし、森派の福田康夫を総理に据えようと考えていたのだ。小泉は、その考えをはねのけた。小泉は、すごんだ。

「おれの葬式には、だれも来てもらわなくたっていいんだ」

森も、「刺青大臣」と呼ばれた小泉又次郎のＤＮＡを彷彿とさせるこの小泉セリフで、さすがにあとの言葉がなかった。

一時間半にわたって激論を交わした。この会談は、ついに決裂した。小泉は態度を変えることはなかった。

応接室を出るとき、小泉は森にいった。

「カンカンに怒って公邸を出てくれ」

公邸の玄関前には、多くのマスコミが森のコメントを取ろうと待ち構えている。記者会見するなら、少し大げさに演技してくれ、と注文をつけてきたのだ。

森は、冗談めかして小泉にいった。

「もう二度と、ここに来たくないよ」

小泉は、ニヤリとした。

「その言葉も、誇張していってくれ」

すでに勝利を確信していた「郵政解散」

八月八日、参議院本会議で郵政法案に対する投票がおこなわれた。自民党から反対二二票、棄権八票が出て、賛成一〇八票、反対一二五票で否決された。

この日の午後二時五分、国会内で自民党の臨時役員会がひらかれた。小泉首相は、この席で衆議院を解散することを表明した。

午後二時四十分、小泉首相と公明党の神崎代表が自民・公明両党党首会談で、衆院選の八月三十日公示、九月十一日投票で合意した。

午後七時、衆議院本会議がひらかれ、衆議院は解散された。まさに、あっという間の解散劇であった。

小泉首相は、この夜、首相官邸一階の記者会見室で衆院解散を受けて記者会見した。首相の会見のときに特別に用意される紅の幕を背に、濃紺のスーツに青のネクタイを締めた姿で、衆院解散について目を血走らせ、熱っぽく語った。

「本日衆院を解散した。改革の本丸と位置づけていた郵政民営化を国会は必要ないと判断した。郵政解散です。郵政民営化に賛成か反対か、はっきりと国民に問いたい」

当初はゆっくりした静かな口調だったが、次第に興奮してきたのか、手を前に突き出したり、指で会見台をたたいた。

ほとんどまばたきせず、憮然とした表情で、郵政民営化の持論、党内の「抵抗勢力」や野党への批判を十数分間つづけた。

「今国会で成立させたかった」と無念さをにじませた。

小泉は、郵政民営化を唱えつづける自分の姿を重ねたのか、高揚した様子で、ガリレオ・ガリレイを例にひいて語った。

「四〇〇年前、地動説を唱えたガリレオ・ガリレイは、有罪判決を受けた。そのとき、『それでも地球は動く』といったそうだ。自民党は既得権を守る勢力と戦う改革政党になったという立場から、国会が否定した郵政民営化について国民に聞いてみたい」

さらに主張した。

「自民、公明両党合わせて過半数を獲得できなければ退陣する」

また、衆院本会議で法案に反対した三十七人についてはこういい切った。

「本当に自民党は改革政党になったのか。自民党は郵政民営化に賛成する議員しか公認しない」

ただ、欠席・棄権した議員についてはこう語った。

「郵政民営化に賛成すれば、公認する」

反対派の非公認によって分裂選挙に陥り、野党に転落する可能性についてはこう語った。

「勝てないとおもっているひともいるだろう。率直にいって、選挙はやってみないとわからない」

小泉首相は、亀井ら反対派が、そろって新党を立ち上げることはないと読んでいた。

また、民主党も、自民党の反対派と同じく、まさか解散はあるまいと考え、戦いの準備ができていない情報も掴んでいた。

小泉首相は、すでに戦いの準備を整えきっていたのだ。自民党内の反対派にも、民主党にも、十分に機先を制することができる。

織田信長は、戦いに勝つ秘訣をこう語っている。

「戦場へ出て、敵と戦う前に勝負の七割は決している」

信長は、戦いに勝つためには、情報をもっとも重視していた。

亀井らの描いた戦略は、法案を否決することで小泉内閣を総辞職に追い込むというものであった。過去の例から、これだけ反対派にプレッシャーをかけられ、しかも、政治生命を賭けるといった法案を否決されたら、おとなしく権力の座から降りるはずだと見ていた。喧嘩を仕掛けられた側が、その十倍の力で受けて立つことになるとは、想定外だったのではないか。

亀井と綿貫は、結果的に「国民新党」を結成したが、実際には、新党をつくる気持ちなどなかったのではないか。追い込まれ、アリバイづくりのために仕方なく新党を結成せざるをえなかったのであろう。

全国へのインパクトを考えた「刺客候補」

飯島勲首相秘書官、武部幹事長、二階総務局長の三人は、ただちに候補者の選定作業にかかった。作業を進めるのは、少人数がいい。この三人で作業を進めていった。自民党の過去の総選挙は、総裁派閥を中心としたもので、党の金庫を預かる経理局長まで押さえるのが常道であった。また、幹事長は、総裁派閥以外から起用するという、いわゆる総幹分離の時代には、幹事長が横を向けば総理総裁は解散も打てないこともあった。

しかし、今回は、小泉首相、武部幹事長、二階総務局長ががっちりとタッグを組み、三者の意見が一〇〇パーセント一致したひとでなければ公認しないというきわめて異例なかたちでの選挙戦を展開することになる。

三人は、候補者選定の基準について話し合った。

「まず、オールジャパンで名前が通っているひとで、北海道から九州まで、どこの選挙区の有権者も納得するだけの経歴があるひと。同時に小泉改革に賛同し、比例名簿の順位も、復活当選が可能な上位でなくても、『この小選挙区で戦い抜く』という気概を持ったひと。自分の身柄を党に預けるという覚悟のあるひと。『この選挙区でないと嫌だ』というひとは、たとえ有名人であろうが、どのような凄い経歴を持とうが、不適格です」

たとえば、東京十区から出馬することになる小池百合子の名前を書ける有権者は、東京十区の住人だけだが、小池が小林興起に勝てるかどうかには、北海道から九州までのオールジャパンのひとたちが興味を持つ。そのような注目選挙区が十カ所あれば、十段重ねになり、二十カ所あれば、二十段重ねになる。国民の注目する選挙区が多ければ多いほど、最初で最後のとんでもない選挙戦を展開できるのだ。

しかも、解散当初は反小泉的な報道をしていたテレビ局や新聞社も、競争というメディアの原理を考えれば、いやおうなしに注目選挙区の動向を追わざるを得ない。刺客候補という、たとえば五本の花火を打ち上げただけで、日本中が大騒ぎになるだろう。

そのままの状況で公示日まで突っ込んでいったら、どうなるか。自民党に注目が集まり、民主党の影は薄くなる。そうなったら、しめたものだ。自民党は、まちがいなく勝利する。

そして、そのような選考基準で選ばれた候補者を次々と刺客候補として発表していった。

八月十日、造反組の小林興起の東京十区には、自民党公認候補として小池百合子を落下傘候補として刺客とした。

八月十三日午後、自民党本部を訪れた小泉首相は、休日返上で候補者調整に当たる武部幹事長、二階総務局長や党職員を激励した。

そのいっぽうで、郵政民営化関連法案に反対した前職が出馬する選挙区へ送り込む「刺客」といわれている新人候補者らと直接会い、直々に出馬の決断を求めた。

この日、小泉首相が面談したのは、法案反対派の城内実が立候補する静岡七区への出馬を電話で要請した財務省課長の片山さつき、新たに埼玉十一区で反対派の小泉龍司にぶつける方向になった埼玉県議の新井悦二らであった。

さらに飯島夕雁、佐藤ゆかり、川条志嘉、稲田朋美など女性刺客候補を出馬させ、「くの一」候補として、マスメディアで話題を呼んだ。しかも、彼女らを一度に披露せず、一人ずつ、日をずらして公表し、マスメディアの注目をひきつけるようにした。

メディアを駆使した広報戦略で圧勝

この時の総選挙の自民党の圧勝の原因の一つに、刺客戦略だけでなく、広報戦略もある。

参議院森派で、総選挙の広報戦略を幹事長補佐の肩書きをもらい担当していた世耕弘成は、八月九日、自民党のポスターづくりについて、総理に呼ばれた。

「なるべく、『改革を止めるな』という言葉で統一してくれ。四年前の写真をなぜ使うかという心を、よくわかっていてくれ。これは初心に返るということだ。もう一度初心に返って、再チャレンジするというコンセプトをよくわかってほしい」

「よくわかりました」

世耕は返事をすると、四年前の写真を使ってポスターを作成した。ただし、総理はこの四年の間にずいぶん白髪が増えている。いまとイメージがちがうといわれる可能性があったので、髪の毛の色だけ写真技術を使って少し変えた。顔の向きもまったく同じ写真の、髪の毛の色だけ変えたのである。

テレビコマーシャルに関しては、解散のときの総理の記者会見の雰囲気を再現することにした。

小泉首相の解散記者会見は、放送中から自民党に電話とメールが殺到した。しかも、好意的なものばかりであった。これまでは、国民の声は情報調査局に届けられ、調査局内で冊子にされて幹部が回覧するだけであった。情報が反映されることはなかった。広報担当の世耕弘成らの今回の工夫は、遊説日程にもおよんだ。機械的に組むのではなく、最大の効果を狙うように緻密に組んだ。特に最後の週の日程は、九月五日に小泉首相、武部幹事長、安倍幹事長代理立ち会いのもとで、データをもとに徹底的に調整した。

小泉総理が、きっぱりといった。

「義理人情もあるけど、データで決めろ。おれがいけば何千票かひっくり返るんだ。だから、それがひっくり返れば勝てるというところに、おれを入れてくれ」

総理の応援演説日程には、どうしても義理人情がからむ。が、世耕は、非情と呼ばれても、あくまでデータで組むことにした。

日程の決定を受けて、応援に来てもらえない議員からは、大きなブーイングが起こった。

「ウチだって、激戦なんだ！」

が、世耕は決して予定を変えようとはしなかった。

「申し訳ないけど、九州へ行ってヘリで飛んでいる時間があったら、首都圏でその間に選挙区三つか四つ回れるんです」

特に最終日は、小泉総理と安倍幹事長代理を、二人とも首都圏に集中させることにした。選挙で応援演説の集中投入を試みるのは初めてのことである。首都圏に激戦区が多かったこともある。効率よく選挙区を回れるということもある。

データをもとに広報活動をおこなった自民党の有利は動かないように見えたが、最終日、広報担当の世耕弘成は、さらに工夫をした。

最終日の九月十日、夜八時前の最後の時JR千葉駅前での演説は、必ずニュースで取り上げられる。映像も出る。これを利用してもう一度小泉総理の解散のときの記者会見の感動をおもい出してもらおうと計画した。普通、街宣車の上には、SPや候補者、地元の議員などがずらり並んで立っている。そのひとたちに全員車から降りてもらった。小泉総理一人にした。スポットライトを下から当てて、夜空をバックに小泉総理一人で声を曖らしながら、なお激しく訴える姿がニュースで出るようにした。テレビでは、世耕の狙った演出通りの映像が流れた。

開票の結果、自民党は、単独で安定多数となる二百九十六議席と圧勝した。公明党と合わせて定数の三分の二を超える三百二十七議席を獲得した。

しかも、公募によって擁立した候補者二十七人のうち二十二人が当選した。

これは、選挙戦略の勝利であった。また、小泉ブームが再燃したことも、大きな勝因の一つであった。

いっぽう民主党は、百十三議席と、公示前の百七十七議席から六十四議席も減らした。

小泉 純一郎◆勝利の方程式

小泉純一郎が何が何でもやり通そうと考えていたのが、郵政の民営化である。それに逆らう郵政の首領が、小泉が倒すべきと標的にしつづけていた経世会の野中広務であった。小泉は、この戦いのため、まず人事を固めた。「偉大なるイエスマン」を自認する武部勤を幹事長に大抜擢し、勇猛に突撃させた。もっと凄いのは、野中広務が力を持つ経世会に真正面からぶつかっても勝ち目が薄い。そこで、なんと経世会参議院の首領青木幹雄との絆を深めていく。つまり、経世会の分断をはかり、野中陣営を切り崩しにかかったのである。

小泉は、参議院で民営化の法案が通らなかったのに、衆議院を解散した。郵政民営化に反対する「抵抗勢力」を自民党公認にしないどころか、彼らに「刺客」を放った。小泉は、国民にアピールするため、小池百合子、佐藤ゆかり、片山さつきらいわゆる「くの一刺客」もそろえた。しかも、テレビを意識し、刺客を一度に公表するのでなく、一日ずつ分けてお披露目した。小泉は、このような演出と覚悟によって、大好きな織田信長が、何倍もの大軍の今川義元を破ったように、大勝利をおさめたのであった。

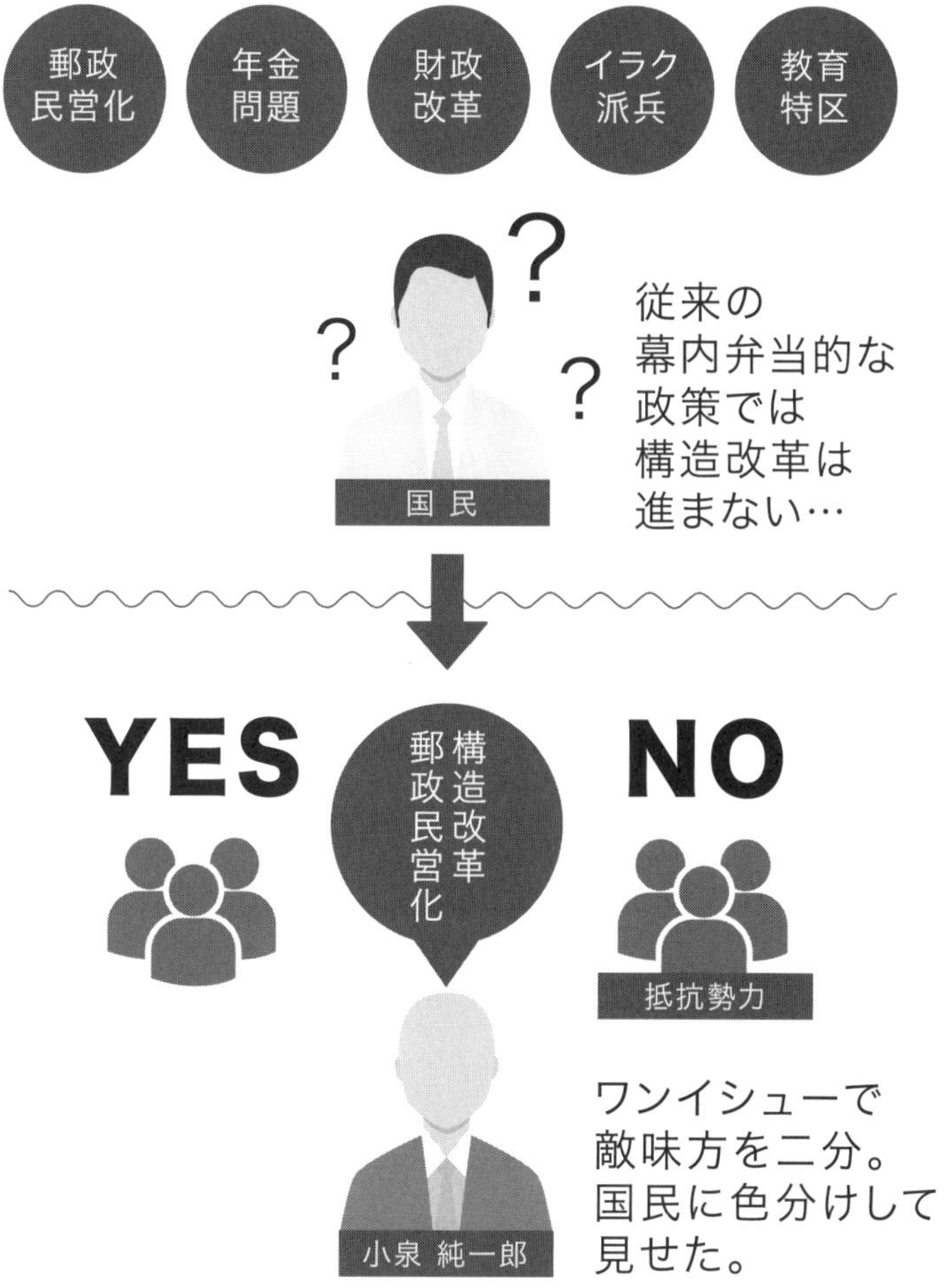
郵政民営化
年金問題
財政改革
イラク派兵
教育特区
国民
従来の幕内弁当的な政策では構造改革は進まない…
YES
構造改革
郵政民営化
NO
抵抗勢力
小泉 純一郎
ワンイシューで敵味方を二分。国民に色分けして見せた。

カリスマに学ぶ突破術④

祖父から受け継いだ憲法改正への挑戦

安倍晋三

――戦後レジューム解体の野望はなるか

安倍 晋三【年表】

・1954年（ 0歳）　東京都に生まれる。

・1977年（23歳）　成蹊大学法学部政治学科卒業。

・1979年（24歳）　南カリフォルニア大学に入学。
政治学を専攻し春・夏・秋学期を履修し、
1979年に中退。

・1979年（25歳）　株式会社神戸製鋼所入社。

・1982年（28歳）　神戸製鋼所退社、
外務大臣（安倍晋太郎）秘書官に就任。

・1993年（39歳）　衆議院議員初当選（旧・山口1区）。

・2000年（46歳）　第2次森内閣で内閣官房副長官に就任。

・2003年（49歳）　自由民主党幹事長に就任。

・2005年（51歳）　第3次小泉改造内閣で内閣官房長官に就任。

・2006年（52歳）　自由民主党総裁に選出、
第90代内閣総理大臣に就任。

・2007年（53歳）　自由民主党総裁及び内閣総理大臣を辞任。

・2012年（58歳）　自由民主党総裁に選出。
第96代内閣総理大臣に就任。

・2014年（60歳）　第97代内閣総理大臣に就任。

安保関連法案と「六〇年安保騒動」

平成二七年八月三〇日、参議院で審議中の安全保障関連法案に反対する市民による抗議行動が、永田町の国会議事堂前やその周辺をぎっしりと埋め尽くした。主催者発表によると、参加者は一二万人で、安保法案をめぐる抗議行動では過去最大であった。雨の中、「戦争法案廃案」、「安倍政権退陣」と叫び続けた。

デモを主催したのは、平和運動を続けてきた市民たちでつくる「戦争させない・九条壊すな！　総がかり行動実行委員会」であった。五月に立ち上がった東京都内の大学生らがつくる「ＳＥＡＬＤｓ（シールズ）」のほかに、大学教授や研究者らの「学者の会」、子育て世代の「安保関連法案に反対するママの会」など、この夏に続々と出来た団体が加わり、ともに声を上げげた。

この日は、民主党の岡田克也、共産党の志位和夫、社民党の吉田忠智、生活の党と山本太郎となかまたちの小沢一郎ら野党各党の党首や、音楽家坂本龍一もスピーチに立った。

私は、このデモの動きを見ていると、昭和三五年の岸内閣の時のいわゆる　「六〇年安保騒動」の光景が鮮やかによみがえってきた。

安倍晋三総理の祖父の岸信介総理の安保改定に反対する学生や労働者によって、いわゆる「六〇年安保闘争」が盛り上がった。

昭和三五年（一九六〇年）六月一五日、全学連（全日本学生自治会総連合）主流派は、国会突入をはかり、警官隊と衝突。

六月一五日夜の国会デモでは、警視庁調べによると、警官三八六人、学生四九五人が重軽傷を負った。

デモに参加した東大文学部四年生の樺美智子が警官隊と衝突して死亡した。

なお、岸信介の娘であり、安倍晋太郎の妻である洋子によると、この時、小学校にもあがらない幼い安倍晋三は、渋谷区南平台の岸邸に母親たちといた。家の周囲は、連日デモ隊に取り巻かれ、そのまま数日泊まりこむこともしばしばだった。デモ隊は大声でシュプレヒコールを繰り返すだけでなく、石や板切れ、ゴミまでも門の中に投げ込んだ。新聞紙に石ころを包み、それをねじって火をつけて放りこんでくることもあった。

安倍晋三は、テレビで見た安保反対闘争のデモも、お祭と同じなのか、シュプレヒコールを真似して叫んだ。

「アンポ、ハンターイ！　アンポ、ハンターイ！」

洋子は叱った。

「晋三、『アンポ、サンセーイ』といいなさい」

岸は、ただ愉快そうにその光景を笑って見ていた。

あるとき、晋三は、岸に訊いた。

「アンポって、何？」

祖父は、ニコニコしながら優しく教えてくれた。

「日本がアメリカに守ってもらうための条約なんだよ。なんでみんな反対するのか、わからないね」

転換期に血が騒ぐのは長州人の気質

安倍総理は、支持率低下という逆風の中で、安全保障関連法案を強引に通そうとしながら、おそらく祖父の岸信介とおのれを重ね合わせていたであろう。

私から見ると、今の安倍総理は、「岸のクローン」と思われる。そういえば、顔つきも、父親の安倍晋太郎より岸に似てきた。

洋子さんは、かって、私に言った。

「晋三は、政策は祖父の岸信介、性格は父親の安倍晋太郎似」

安倍は、いま、岸信介のDNA、さらに岸の生まれた山口県、明治維新の時代の長州魂を強く意識していると思われる。

NHKの大河ドラマ『花燃ゆ』は、吉田松陰の妹の文を主人公にして展開していた。安倍政権時に吉田松陰のドラマを放送するのも偶然ではあるまい。

さらに、安倍総理は、ものづくり大国・日本の出発点を示す『明治日本の産業革命遺産』二三の施設を韓国などの批判を受けながらも、国連教育科学文化機関（ユネスコ）の世界遺産に選ばせることに力を注いだ。

実は、そのなかに、なんと吉田松陰のひらいた松下村塾まで入っているのだ。おそらく、安倍総理は、この松下村塾を世界遺産にするのが狙いであったとしか思えない。

なお、安倍晋太郎、晋三の「晋」は、松下村塾で吉田松陰に学び、明治維新を成功に導く導火線になった高杉晋作の「晋」をとっている。

吉田松陰は、目的を遂げるためには、「狂え！」と高杉ら塾生に教えている。

晋三ら兄弟は、岸信介から吉田松陰や高杉晋作ら長州の偉人についての話を寝物語に聞かされたという。

「吉田松陰先生は、立派な人だった。勉強中に蚊が腕を刺しても、それを叩き潰すというのは、公の時間を私事に費やすということだから、という理由で、そのままにして勉強をした人なんだよ」

そのためか、安倍晋三は、政治の転換期において自分の血が騒ぐのは、長州人の気質なのかな、と思うことがあるという。

岸ファミリーを中心に動いていた満州国

岸信介は、明治二九年一一月一三日、山口県山口市に生まれた。のちにやはり総理となる佐藤栄作は、岸の実弟である。岸は、郷土の先輩である吉田松陰と門下生である高杉晋作たちへの熱い思いを抱いて青春期を送った。大正九年、東大法学部卒業後、農商務省に入省。工務局長をつとめ、「革新官僚」と呼ばれた。

昭和一一年、満州（現中国東北地区）国実業部次長として満州に渡った。満州では、資源開発にあたった。ただし、満州で事業をやるということになると、官僚の力では無理である。そこで日産コンツェルン創設者で岸の親族でもある鮎川義介も満州にやってきて、昭和一二年一二月、満州重工業開発を設立。鮎川は総裁に就任した。

昭和一二年からは、満州産業開発五カ年計画を推進し、東条英機、星野直樹、松岡洋右、鮎川義介とともに「二キ三スケ」と呼ばれる満州国支配の実力者となった。

なお、松岡は、満鉄総裁として力をふるう。さらに、日本の国際連盟脱退、日独伊三国同盟の締結をおこなう。

興味深いのは、この松岡も鮎川も、山口県生まれで、岸と親戚にあたる。いってみれば、満州は、岸ファミリーを中心に動いていたわけである。

岸は、昭和一四年一〇月に帰国した。その途中、大連港で豪語した。

「満州国の産業開発は、わたしの描いた作品である」

岸は、昭和一六年に、東条内閣の商工大臣として入閣。東条内閣の閣僚として昭和一六年一二月八日、「開戦」の宣戦布告に署名。

岸は、敗戦後の昭和二〇年九月、A級戦犯容疑で逮捕される。なお、岸は、安倍晋三に語っていた。

「この前の世界大戦は、日本は、国際法上、決して悪くはない。ただ、国民には詫びなくてはいけない。日本を敗戦に追い込んだのだから」

昭和二三年一二月二三日、東条英機元総理を含む七人が東京裁判の結果、絞死刑を受け露と消えた。ところが、その翌日の二四日に、岸信介は、早々と未起訴のまま釈放されて不思議がられていた。

〝塩爺〟こと塩川正十郎が若い頃、その疑問について岸に訊いた。

「先生は、なぜ巣鴨プリズンから、あんなに早く出てくることができたのですか?」

岸は、にやりとした。

「吉田内閣時代の昭和二二年二月一日のいわゆる2・1ゼネストを、マッカーサーが止めただろう。マッカーサーは、理想主義者だったから、2・1ゼネストは労働問題くらいにしか考えていない。『こんなものは止めたらしまいだ』という認識だった。これでも、アメリカの共和党を中心とした国会議員のなかでは、大変な問題だった。これをほっといたら、日本は大変な内乱になるという危機感を抱いていた。吉田茂で、はたして日本を平和国家として独立させてやっていけるのかどうかというのが、アメリカの国会で問題になった。そのとき、おれは巣鴨プリズンにおったんだ。吉田の後をだれにやらすかということだが、鳩山一郎や河野一郎は優秀だけども、方向性が頼りない。どっちに向くかわからない。政治家としての判断はいいけども、行政的統治能力は薄い。そこで、おれに目をつけたんだろう。アメリカは、おれをジッと見ていた。

おれは、極東裁判で一つも尋問されてない。おれ自身、『なんで、ほかの戦犯のようにやられないんだろう』という疑問は、多少持っていた。そこへ、だんだんとアメリカでも吉田に対する批判が高まってきた。いまは進駐軍がいるからいいけども、やがて進駐軍が日本から引き揚げたとき、左右の対決のバランスが崩れるかもわからない。そこで、保守のリーダーとしておれに白羽の矢が立てられ、早々と釈放されたんだ」

安保改定を実現することが岸内閣の使命

岸とアメリカの深い結びつきは、その時にはじまる。

安倍が、東京裁判にいまだ否定的なのは、満州を岸ファミリーが牛耳ったことに深い関わりがある。安倍が「七〇年談話」にアジアを侵略したことを認めることに躊躇いつづけるのも、岸信介の動きと関わりがあろう。さらに、岸信介同様、先の大戦についての考えも、岸の影響を強く受けている。

岸は、公職追放が解けるや、昭和二八年四月の総選挙で、山口二区から衆議院議員に当選し、自由党に加わった。

昭和二八年一二月、自由党総務会は党内につくられる自由党憲法調査会の会長に岸を据えることを決めた。

『岸信介証言録』によると、岸は、このとき、吉田茂総理にいった。

「自分としては、じつはいまの憲法を改正しなければいけないと思っている。この憲法は、そもそも制定の経緯からして間違っている。憲法調査会会長としては、そういう考えでやりたいと思います」

安倍が、現憲法は、あくまでGHQ（連合軍最高司令官総司令部）に押し付けられたと言い続けるのも、岸の影響といえよう。

岸は、昭和三二年二月、ついに総理に就任した。政界復帰わずか四年にして、最高権力の座に就いたのである。わずか当選三回生にして、六〇歳であった。

岸は、総理に就任するや、自分にいいきかせたという。

〈安保改定を実現することが岸内閣の使命である。それこそが、政治家として、国民に対して責任を果たすことになる〉

安保改定を一年後にひかえた昭和三四年一月一六日の夜、日比谷の帝国ホテル新館「光琳の間」で、岸、大野伴睦、河野一郎、佐藤栄作、そこに河野の友人の大映社長の永田雅一、北海道炭礦汽船社長の萩原吉太郎、巣鴨プリズン仲間であった右翼の児玉誉士夫の三人がオブザーバーとして加わった。

岸は、安保改定を実現させるため、大野と河野の抱きこみにかかったのである。

しかも、岸は口約束では信じられないならば、はっきり誓約書を書いておこうとまでいいはじめた。後継者に大野君を頼むという文書をしたためた。しかも、大野の次は河野、河野の次は佐藤、という政権の順序まで約束したのである。

その文面に、四人の署名がおこなわれた。

この帝国ホテルの会合で、大野と河野の協力をとりつけた岸・佐藤兄弟は、ようやく危機を脱することができ、安保改定に突き進んでいった。大野は、このときの申し合わせにしたがって、党内収拾に乗り出した。

岸は、安保改定を成し遂げるや、後継総裁に密約を反故にし、なんと、大野も河野も選ばず、池田勇人を選んだ。

岸は、のちに語っている。

「政治においては、国家のためなら、悪も許される」

「憲法改正」という祖父の遺言

安倍晋三官房長官は、八月一二日、地元山口県下関市で三〇〇〇人が集まる激励会に出席し、自民党総裁選への出馬を宣言した。

森喜朗は、安倍にはもっとキャリアを積んだうえで、党にとってもっとも重要なときに堂々と総裁選に立候補してもらいたいと考えていた。

森は、二度ほど安倍を呼び、訊いた。

「ここでやっても傷ついてしまう。それでも、きみは、本当にやるのか?」

「わたしは、みなさんがやれというので、もう断る理由がないんですよ」

安倍晋三が森の止めるのを振り切って出馬したのは、父親の晋太郎が総裁に手が届きそうになりながら無念の死を遂げたことがあった。取れる時に取っておかなければ、のちに何が起きるかわからないという焦りがあったのだろう。

私は、第一次安倍政権がスタートする時、書いた。

「爽やかな悪党たれ」

父・晋太郎の善人の爽やかさと祖父・岸信介の「政治的悪党」のDNAをしたたか

に使え、という意味であった。

が、第一次安倍内閣は一年で崩壊した。

もし、安倍晋三が、岸信介の孫でなければ、第一次安倍内閣でお腹を壊し、世間からボロクソに叩かれて一年で政権を投げ出しながら、ふたたび総理に挑戦するような無謀なことはしなかったであろう。

が、彼には、岸信介の遺言ともいえる「憲法改正」を実現しなくては…という宿命を背負っていた。

おそらく、総裁選に再挑戦するまでの間、寝ていても、岸信介の亡霊に悩まされ、居ても立ってもいられなかったのではないか。

「晋三！　永田町にただ員数としてだけいるのなら、政治家なんてやめてしまえ！　憲法改正は、どうした！」

安倍は、岸信介に突き動かされ、ついに立ち上がったのである。

かつて安倍昭恵夫人に聞いたところによると、総裁選に出馬する前、昭恵夫人は安倍に言った。

「森（喜朗）さんも、今回の出馬はやめておけ。もし今回失敗すると、二度と総裁の芽はないぞ。もし待っておけばかならず総裁への待望論が起こると言っていますよ」

しかし、安倍は敢然と言ったという。

「いま、日本は、国家として溶けつつある。尖閣列島問題にしても、北方領土問題にしても、政治家としてこのまま黙って見過ごしておくわけにはいかない。オレは、出るよ。もし今回失敗しても、オレはまた次の総裁選に出馬するよ。また負ければ、また次に挑戦するよ。オレは、自分の名誉や体のことなんてどうでもいいんだ。国のために、オレは戦いつづけるよ」

昭恵夫人は、その言葉に、安倍を励ましたという。

「わかったわ。わたし、応援する」

安倍は、再挑戦し、総理総裁の席を再び掴んだ。

安倍は、いま、吉田松陰と岸の思想的DNAを心に深く刻み、突っ走り続けている。

憲法改正を実現させるためには、三分の二の国会議員の同意と、そして、国民の半数による賛成が必要になる。

果たして、安倍総理は、岸の遺言である憲法改正を実現できるのか…。

安倍 晋三◆勝利の方程式

安倍晋三総理の祖父岸信介元総理は、一九六〇（昭和三十五年）に革命前夜を思わせるほどの反対運動の中で、日米安保条約改定をなしとげた。が、本人の究極の目的は、憲法改正にあった。その意味では、道半ばであった。その実現を孫に託していた。

安倍晋三は、憲法改正を岸信介の遺言と受け取り、第一次安倍政権では、憲法改正を実現に持ち込もうとつんのめり気味であった。国民投票法案こそ実現させたが、一年にも満たない短期で倒れた。

その五年三ヶ月後、あえて自民党総裁選に出馬したのは、亡き岸信介の夢の中での叱咤があってのことと わたしは思っている。

「晋三！　憲法改正はどうした。総理に再挑戦してお前が旗振りしないで、ただ員数として永田町にいるのなら、政治家を辞めろ！」

安倍晋三は、第二次安倍政権では、安保法案をはじめから表に出さず、アベノミクスの経済政策に目を向けさせた。イデオロギーの強い面を見せると、国民は耳を貸さない。それゆえ消費税を上げないことをかかげて解散し、勝利をおさめるや、安保法制にシフトし、強引に法案を通した。これから、いよいよ安保改正に向け、着々と手を打っていく…。

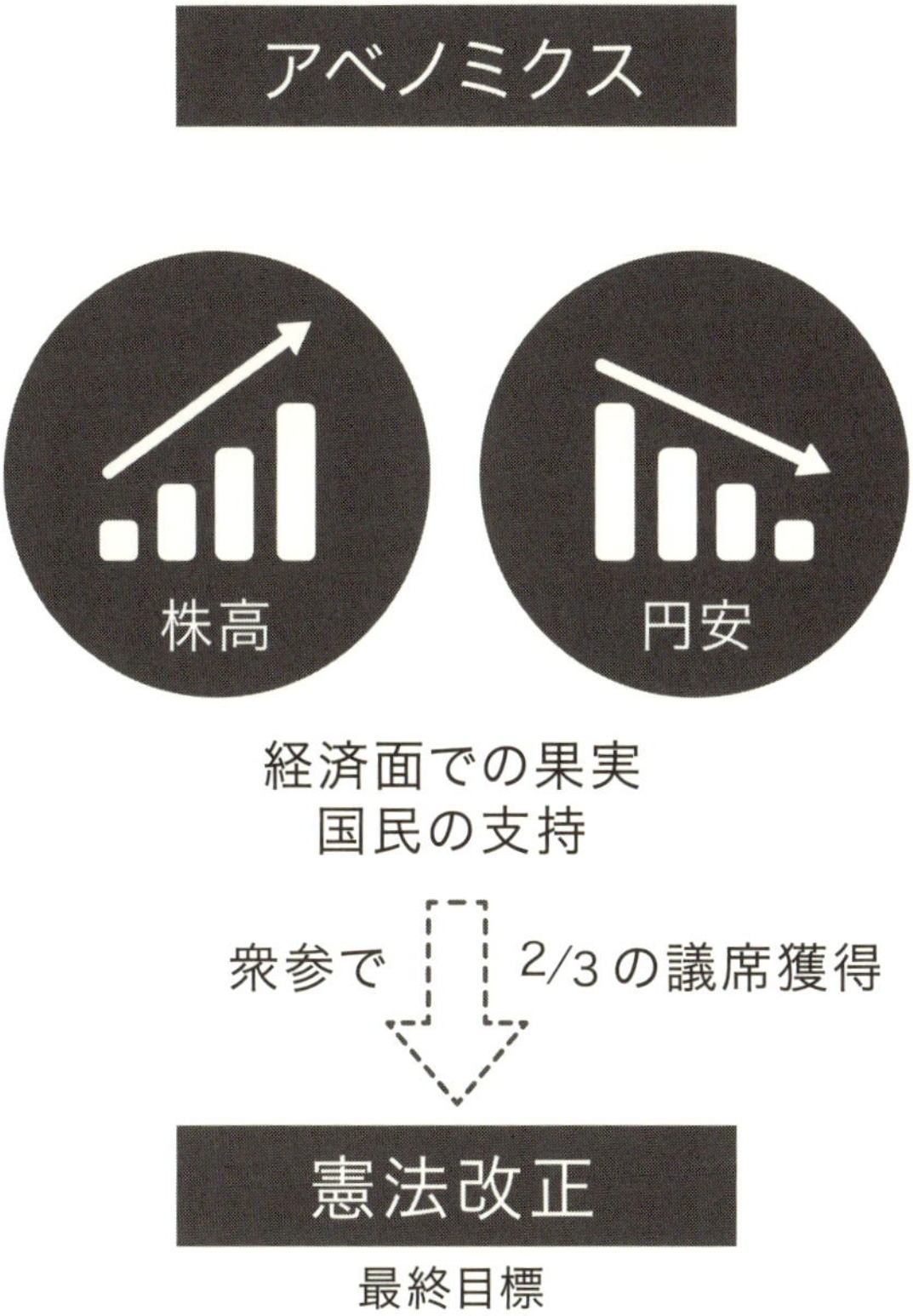
アベノミクス
株高
円安
経済面での果実
国民の支持
衆参で
2/3の議席獲得
憲法改正
最終目標

カリスマに学ぶ突破術⑤

流通革命に殉じた男

中内 㓛

――古い流通体制にしがみつくメーカー・問屋に戦いを挑む

中内 切【年表】

・1922年（ 0歳）	大阪府西成郡に生まれる。
・1941年（19歳）	兵庫県立神戸高等商業学校 （現・兵庫県立大学）を卒業。
・1943年（21歳）	1月応召。フィリピンの混成五八旅団に所属。
・1945年（23歳）	マニラの捕虜収容所を経て神戸の生家に生還。
・1957年（35歳）	『主婦の店ダイエー薬局』 （ダイエー1号店。のちに千林駅前店に改称）を開店。
・1962年（40歳）	渡米。現地の流通業を研究する。
・1964年（42歳）	松下電器産業（現・パナソニック）とテレビの値引き販売をめぐって『ダイエー・松下戦争』が勃発。
・1972年（50歳）	貨店の三越を抜き、小売業売上高トップに。
・1980年（58歳）	日本で初めて小売業界の売上げ高一兆円を達成。
・1988年（66歳）	プロ野球業界へ参入。福岡ダイエーホークス誕生。 神戸・学園都市に流通科学大学を開学。
・1991年（69歳）	経団連副会長に就任。
・2001年（79歳）	ダイエー退任を表明。
・2005年（83歳）	死去。

ドラッグストアから、スーパーマーケットに脱皮

『昭和五十八年度年頭メッセージ』で、中内功は声を張りあげた。

「いま一度、われわれの原点である〝千林〟に学び『お客様は、われわれの最大の教師である』という考えに立ち……」

中内とすれば、全従業員が第一号店の千林時代の凄まじい姿勢を取り戻さないかぎり、四兆円構想は、とうてい不可能である、という歯ぎしりしたい想いがあるのであろう。

中内は、「全国制覇をやるんや」と豪語したとおり、昭和三十二年の春に第一号店を千林にオープンして十一年目の四十三年には、店舗数三十八店、年商約七百五十億円を誇り、日本一のスーパーとして驀進していた。

当時第二位の西友ストアーが、五十六店舗で、五百十億円。三位のジャスコが、六十八店舗で、五百億円。

百貨店では、トップの大丸が千二百六十億円、二位の三越が千二百三十億円。

ダイエーは、売上げにおいて百貨店をも追いつき追いこせと、まさに日の出の勢い

であった。

ダイエー急成長の秘密は、どこにあったのか。

「まず、薬以外に、食料品を置いたことやったね」

中内兄弟の四男である力が語る。

力は、神戸商大を卒業後、東京銀行に二年勤めたあと次男の博が社長をしていたサカエ薬品に入り、ダイエー一号店である千林店オープンと同時に専務として参加していた。

力によると、千林店をオープンさせた三日間は、二十万円台と信じられないほどの売上げがつづいた。ところが、四日目から、ぱたりと売上げが止まった。

㓛も、力も、会長をしていた父親の秀雄も、頭を抱えこんだ。そのとき彼らの頭にひらめいたのは、九州の小倉を拠点に主婦の店チェーンを展開していたスーパー丸和フードの幹部にきてもらい、診断を受けてみよう、ということであった。

かつて丸和フードが小倉店をオープンしたとき、店内に薬品部を設けようとした。そのとき、地元の薬局経営者たちが集まり「スーパーが薬を安売りするのはけしからん！」と反対運動を展開した。

吉田日出男社長は、中内の噂を聞きつけ、助けを求めてきた。

力が、トラック一杯薬を積んで小倉へ出かけ、十日間泊りこみで商品の陳列を手伝った。

ダイエーがオープン後三年間『主婦の店ダイエー』という看板を掲げていたのは、丸和フードの影響である。

丸和フードから、阿部常務がやってきた。まる一日、千林店界隈を見て歩いたすえ、じつに適切なアドバイスをしてくれた。

「店は二十六坪と小さいが、半分改装しなおして、食料品を売ったらどうでしょう。瓶缶詰、調味料に、菓子類のパック物を売るべきです」

当時、菓子類のパック物は、すべて定価で販売されていた。それを、一割五分引きで売ると、客が初日のようにどっと押しかけた。

ダイエー千林店は、薬の安売りで名を馳せていたヒグチ薬局と森小路薬局にはさまれていた。乱売合戦のはて、薬品や化粧品の価格は、ほとんどいっしょであった。

ところが、この菓子類を中心に食料品を売りはじめたため、食料品を買いにきてくれた客たちが、薬もいっしょに買ってくれる。多角経営がいかに大切か身にしみて感じたという。つまり、当初考えていたドラッグストアから、スーパーマーケットに脱皮していったわけである。

牛肉を売らずしてスーパーに客を寄せることはできない

「そのつぎにダイエー発展の原動力になったのは、生鮮食品、それも野菜や果物とならんで牛肉を扱いはじめたことでした」

力が力説する。

牛肉の解体、枝肉処理は、技術的にむずかしい。そのため、たいていの店は、専門業者に売場を貸していた。

ところが、ダイエーは、直営でやることにした。直営でないと、個性はでない。価格的にも安くはできない。

中内は、強い確信を持っていた。

「牛肉は、これからの国民にとって、生活必需品や。牛肉を売らずして、これからのスーパーに客を寄せることはでけへんで」

三十四年四月、ダイエー三ノ宮店を移転拡張したときから、牛肉を直営で扱いはじめた。

狙いどおり、牛肉は飛ぶように売れた。神戸の主婦の間では「牛肉はダイエー」というのが合言葉にさえなった。

あまりの売行きに、はじめのうちは「素人のダイエーに、牛肉が売れるものか」と高をくくっていた神戸市内の精肉商たちが、脅威を感じはじめた。ダイエーと取引きしていた枝肉商に圧力がかけられ、ダイエーへの納入は、わずか一ヵ月でストップしてしまった。

戦争、闇屋時代と何度も修羅場を潜ってきたうえ、向こうっ気の強い中内である。神戸の精肉商の本拠地である神戸屠場へ、乗り込んで行った。

中内は、屠場に隣接した家畜市場で牛を買い、屠場で手数料を払い屠殺してもらうことにした。

若い社員を連れ、赤レンガの殺風景な屠場の内部に入り、和牛の屠殺に立ち合った。振りあげられたハンマーが、牛の眉間を割った。脳漿と血が、薄暗い屠場に飛び散る。牛は、巨体に似合わぬか細い声を残したあと、地響きを立てて崩れ落ちた。

いっしょに見ていた社員の中には、顔面を引きつらせ、牛より先に気を失ってその場に倒れてしまう者もいた。

中内は、その場に仁王立ちになって、一瞬のまばたきもせず、この光景に立ち合っていたという。

中内とウエテルの出会い

しかし、生きた牛を買い、それを屠殺したとしても、それを処理する職人たちは、ギルド的な徒弟制度にしばられている。枝肉としてダイエーが入手することはかなわぬことであった。

中内は、三ヵ月後、神戸市生田区東川崎にある明治冷蔵を訪ねた。暑い昼下りのことであった。そこでは、四、五人の男たちが、車座になって将棋を指していた。

「ダイエーの中内やが、枝肉売ってくれへんか」

が、誰ひとりふり向こうとはしなかった。すでに中内の噂は広まっていた。彼らは中内を無視したのであった。

ところが、ネジリ鉢巻きにラクダの赤い腹巻き、ステテコ一枚という姿をした一人の男が、中内に声をかけた。

「ダイエーの中内さんというのは、あんたか。わしは、ウエテルいうんや。なんで肉が欲しいんや」

ウエテル商店の、上田照雄であった。

上田は、冷蔵庫に案内してくれた。

中内は、そこで熱っぽく訴えた。

「これからの牛肉は、かならずスーパーの大量販売になるんや。それなのに……」

中内は、古い因襲が渦巻く精肉業界の体質を激しく攻撃し、流通革命の必要を説いた。

中内は、より具体的にズバリ言った。

「100グラム39円、すそ60円で売りたい。その値に合うように仕入れをやってもらえないか」

ダイエーの悪名は食肉業界にもとっくに及んでいた。取引すれば、業界からボイコットを食うのは目に見えていた。

中内と、上照商店の上田照雄との最初の出会いである。上田は、のちに語っている。

「ワシより三つか四つか年長なんやが、まったく知らんところへ来て食肉の取引したい、という。気迫に押されたな」

しかも枝肉をばらし、小売まで手がけるという、これまでの常識を破ったダイエー商法である。

上田はぐっと詰まったが、喫茶店に場所を移して話していくうちに、中内の情熱がびんびん響いてきた。

「牛を買っても、ゴミ（内臓）の処理など、ど素人にはむずかしい点が多い。枝肉を卸し、それをダイエーがばらして小売する。それなら流通のマージンがはぶけて安売りできるちゅうわけや。しかも中内さんは気迫の裏で、納得ゆくまで勉強しよる。わからんことは家まで呼びつけて聞くんやからかなわんわ。よし、このおっさんにくらいついていこう、と決めたんやが…」

中内が、振り返る。

「テルさんは、次に会ったときに言うたな。『一回や二回の取引きで終わるなら、取引先全部なくして、元も子もなくなる。やるなら、とことんや』それは、こっちもおんなじや。ついてくるんかい。『ついていく』それで決まりやった。おたがいに血気さかんな頃やったからな……」

決断はしたものの、上田の勝算は五分と五分だった。ダイエーの安売りに対する業界の反発はすごい。商談をしている、というだけでこれまでの取引は完全にホゴにされてしまうだろう。果たして組合幹部からキャンセルが相次いだ。

思いあぐねて上田は、生田区北野の先輩に相談を持ちかけた。

「乗りかかった船や。ダイエーの将来にかけたらええ」

先輩はそう言う。

「かけたらええ。この一言やったねえ」

中内がウエテルと組んで三ノ宮店に牛肉をならべるや、連日、客が殺到した。

故ウエテルにかわってウエテル商店の社長となった上田照章が、父親から何度も聞かされたことをわたしに語ってくれた。

「あまりの人気のため、押しかけた客の圧力で、ショーケースのぶ厚いガラスが、三ヵ月に一度は割れたそうですよ。一ヵ月、十二、三頭の牛を仕入れなければ間に合わず、肉を運ぶオート三輪もフル回転、半年に一台はつぶれたそうです」

ダイエー全体が、牛肉によって活気づいた。牛肉は、ダイエー発展の起爆剤になった。

「流通革命のキリストとしてハリツケになる」

その他、価格破壊では食品などが代表格とされている。中内は通信兵で出兵し、リンガエン湾の戦闘で敵から手榴弾の攻撃を受け、死を覚悟したとき、神戸の実家で家族揃ってすき焼きを食べている光景が頭に浮かび、「もう一回腹いっぱいすき焼きを食べたい」と思ったという。

この経験から中内は、ダイエーの企業テーマである「For the Customers　よい品をどんどん安く消費者に提供する」ことを着想し、その実現に向け「既存価格を破壊することがダイエー（主婦の店・大栄）の存在価値にある」と考えて実行した。

たとえば牛肉の場合、普通の店では100g当たり一般で100円。安くても70円だったところを39円と思い切って値下げして販売したところ、牛肉コーナーには主婦らが殺到し売り切れ店が続出するほどだった。

この欠品状態を補充すべく、生きた牛を買い取ってそれを枝肉に加工したり、さらには日本本土復帰前のアメリカ合衆国信託統治時代の沖縄県には輸入関税がかからないことを利用して、オーストラリア産の子牛を沖縄に輸入、飼育したうえで日本国内に輸入するというアイデアを生み出す。

中内は、公約の昭和五十四年には一年遅れたものの、五十五年二月十六日、一兆円を達成した。

一兆円達成記念パーティのとき、ダイエーの関連会社であるステーキ店フォルクスで記者会見が開かれた。

その前に、ある流通担当記者が、ふと別室をのぞいた。そこで、中内が一人、涙を流していたという。よほどの感激だったのであろう。

中内は、一兆円達成と同時に、再び花火を打ち上げた。

「五年後の六十年には、四兆円を実現してみせる！」

五十五年十一月二十六日、箱根小涌園で開かれた日本リテイリングセンター主催の講演『一兆円のあと何をするのか』で、その心境をこうのべている。

「おかげさまで、わたしどもダイエーも、今年の二月の十六日でございますが、やっと一兆円の瞬間風速を得まして、昭和六十年四兆円構想というふうな、また新しいビジョンが、こう新聞なんかに出てしまいますと、どうしてもやらざるを得ないということになってしまう。

わたしもちょっとは、赤坂とか神楽坂とかにいって、そして著名なる女優さんなんかと一度遊んでみたいな、というふうにも思うわけでございますけれども、その暇もないままに走りつづけなければいけないというふうな、非常にまじめな道を歩かされておるわけでございます。

いわぽ十字架の上に上がったイエス・キリストのようなもんでございまして、イヤだと思っても。流通革命のために死ななきゃいけないというようなことで、『神よ、われを見捨てたもうことなかれ』と、イエス・キリストも最後は嘆いたそうでございますが、わたしも同じようなことで、流通革命のハリツケになる覚悟をいたしておる次第でございます」

おのれをイエス・キリストに例えるあたり、中内のヒロイズムが垣間見えていて、おもしろい。一兆円を達成したことが、よほどうれしかったのであろう。

財界の流通業軽視に怒る

四兆円構想の内訳は、「ダイエー本体で二兆円、関連企業で一兆二千億円、新規事業で八千億円」という、気宇壮大なものである。

四兆円構想発表当時の五十五年六月九日、新日鉄相談役の稲山嘉寛が、経団連会長就任の記者会見で、ずばりこう語った。

「スーパーみたいな第三次産業への設備投資には、問題がある。スーパーなどへの投資は、単に客を奪いあう過当競争を招くだけだ。その点、鉄は基幹産業だから投資の波及効果も大きい」

この発言を知った中内は、ただちに大阪で記者会見を開いて反論した。

「稲山会長の発言は、時代錯誤もはなはだしい。スーパーへの投資は、消費者大衆に十分に還元される。社会的波及効果は、鉄になんら劣るものではない！　要するに第二次産業以外は産業として見ていない幼稚さをはからずも暴露した。時代の変化についていけない人が、産業界を大局的にまとめていく経団連のトップにいるのは残念だ。もう少し経済を勉強する必要がある」

中内は、怒り狂った。日本チェーンストア協会会長の西川俊男（ユニー社長）に、正式に抗議させてもいる。

「事と次第によっては、日本チェーンストア協会の経団連脱退も辞さず」

稲山会長は、西川会長にただちに発言の取り消しを電話で連絡した。

この反論で、東京財界に、「中内は生意気だ」という雰囲気が生まれたという。

「稲山会長が、『おれの眼の黒いうちは、中内を財界からほしてやる！』といった、という噂が流れたくらいです。中内も、負けん気の強い男ですからね。それなら、中内切がなんぼのものか、東京の財界人たちに見せてやろやないか……と、四兆円構想実現にいっそう意地を燃やした」（経済記者）

ダイエーは、三十九年から松下製品を扱っていた。ところが、定価の一五パーセント引きまでは松下も認めているが、ダイエーは二〇パーセント引きで売り出した。ただちに、松下は納品を拒否してきた。やむなく松下に仕入れルートがわからないような手段でナショナル製品を調達したが、問屋がすぐわかり、出荷停止になる。

中内は、かつて精肉業者から圧力をかけられ枝肉の仕入れルートが止められたときも、そのまま黙って引き下りはしなかった。圧力をかけられればかけられるほどいっそう闘志を燃やし食ってかかるタイプである。

中内は、主婦連をも自分の味方につけ巻きこみ、天下の松下電器に食ってかかった。

「メーカーが価格を前もって決めるのは、けしからん。価格の決定権は、売る側にある」

四十二年九月には、松下電器を相手どり、独禁法違反の疑いで提訴している。

もし財界が、スーパーを一段低くみるなら、四兆円の売上げをあげそのパワーをみせてやろう、という気になるのも、いかにも中内らしい。

中内 㓛◆勝利の方程式

ダイエーが飛躍的に発展したのは、他のスーパーのやらなかったことを大胆に推し進めたことである。まずは、他の店ではやらない牛肉を直営でやったことである。牛肉の解体、枝肉処理は、技術的に難しい。生きた牛を買い、それを処理する職人たちは、ギルド的な徒弟制度にしばられている。枝肉としてダイエーが入手することはかなわぬことである。

中内㓛は、大胆にも精肉業界の実力者上田商店のウエテルこと上田照雄に会う。ダイエーの悪名は、食肉業界にもとっくに及んでいた。取り引きすれば、業界からボイコットを食うのは目に見えていた。

が、上田照雄は、中内の凄まじい気迫と商魂に中内との取り引きを呑む。

牛肉は、ダイエー発展の起爆剤となった。

中内は、松下製品を、松下電器の認めない二〇%引きで販売していた。松下電器は、ついに納品を拒否してきた。

中内は、なんと主婦連も味方につけ、巻きこみ、天下の松下電器に食ってかかった。

さらに松下電器を相手どり、独禁法違反で提訴した。一歩も引かぬ中内は、松下幸之助の和解案を蹴り続けた。松下幸之助の死後、ようやく和解が成立する。

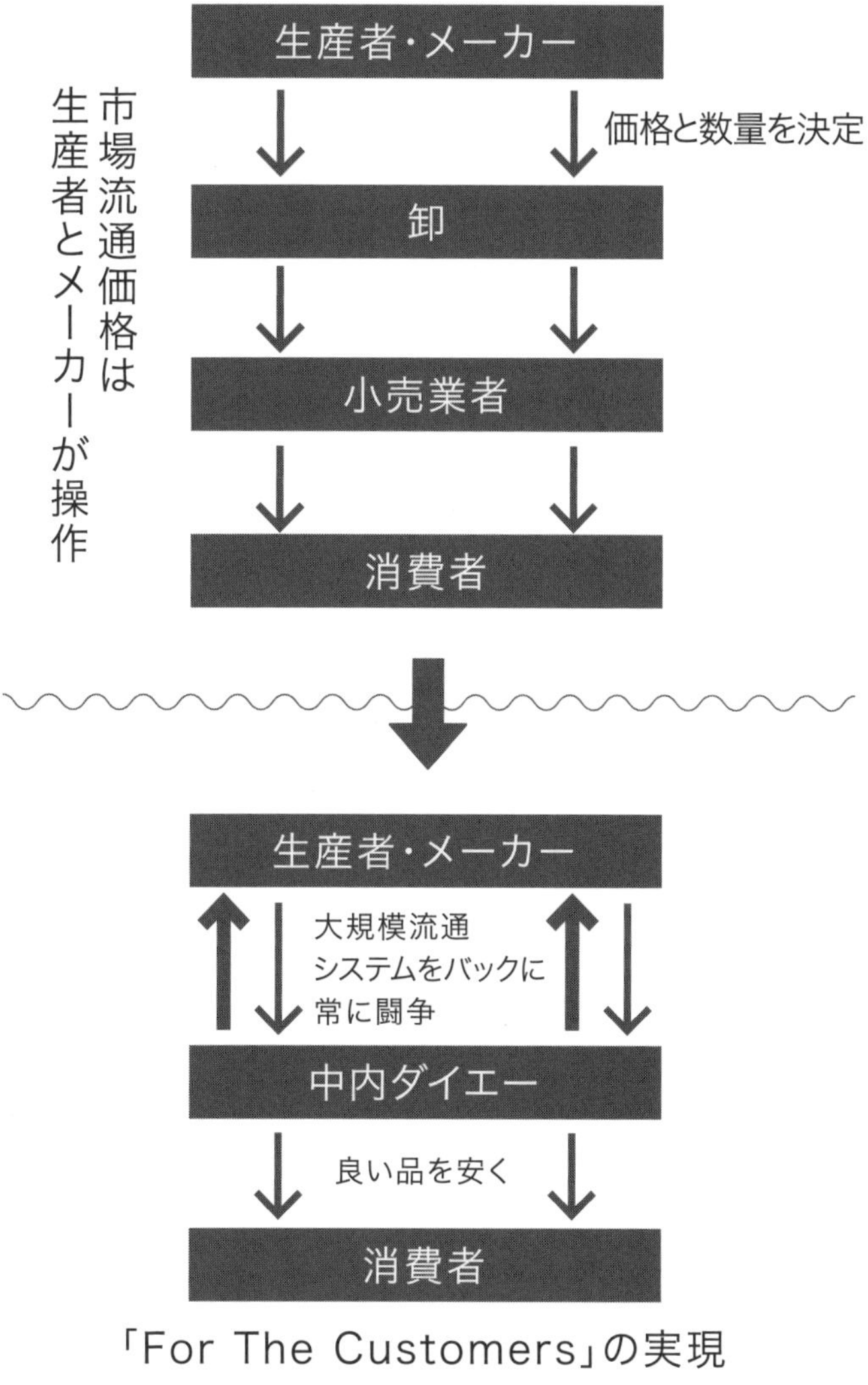
市場流通価格は
生産者とメーカーが操作
生産者・メーカー
価格と数量を決定
卸
小売業者
消費者
生産者・メーカー
大規模流通
システムをバックに
常に闘争
中内ダイエー
良い品を安く
消費者
「For The Customers」の実現

カリスマに学ぶ突破術⑥

古いエスタブリッシュメントとの戦い

堀江 貴文

――インターネットとテレビ・ラジオなど既存メディアの融合

堀江 貴文【年表】

・1972年(0歳)　福岡県八女市に生まれる。

・1991年(19歳)　東京大学教養学部文科三類に合格・入学。

・1996年(24歳)　有限会社オン・ザ・エッヂを設立。
設立後に大学を中退。

・2002年(30歳)　経営破綻した旧ライブドア社から営業権を取得。

・2004年(32歳)　大阪近鉄バファローズ買収を申し出たが拒否される。

・2005年(33歳)　2月、ライブドアはニッポン放送の株を35%取得、
同社最大株主となる。
4月、ライブドアとフジテレビジョンとの間で
和解が成立。
ライブドアの所有するニッポン放送株式全てを
フジテレビジョンが取得することが発表される。

・2005年(33歳)　衆議院広島6区に出馬するも落選。

・2006年(34歳)　証取法違反容疑で逮捕。

・2011年(39歳)　最高裁判所が上告棄却し、
懲役2年6ヶ月の実刑判決が確定。

・2013年(41歳)　長野刑務所から仮釈放。

・2013年(41歳)　株式会社7gogoを設立。

時間外取引でニッポン放送の筆頭株主に

平成十七年（二〇〇五年）に入って、株式市場でライブドアに関する噂が飛び交った。「プロ野球球団の買収を試みたライブドアが、今度は放送局を狙っているらしい」

噂は本当であった。堀江は、二月八日、「人生を賭けた大勝負」に出た。ラジオ局のニッポン放送の株の取得に動いたのである。

ニッポン放送株取得は、東京証券取引所の午前九時の取引開始前の午前八時二十二分からわずか三十分間で、「ToSTNeT1」（トストネット・ワン）と呼ばれる時間外取引システムを通じておこなわれた。ニッポン放送株の二九・六％を取得、それまでの保有分を含めて三五％を持つ筆頭株主となった。ライブドアは、株主総会での重要事項の決定に拒否権を発動できる権利を獲得した。

東京株式市場では、ニッポン放送株が急騰し、一時、値幅制限いっぱいとなる前日比一〇〇〇円高の六九九〇円まで値をあげる「ストップ高」となった。終値は、八一〇円高の六八〇〇円だった。

ライブドアは、ニッポン放送株を買い占める際にも、証取法ぎりぎりの手口を使った。本来、株式公開買い付け（TOB）を宣言すべきなのに、市場内取引とされている時間外取引で、大量の株式を一気に取得した。

証取法は平成十七年（二〇〇五年）、改正され、この手口も封じられる。だが、法改正前におこなったライブドアの買い占めは容認された。

堀江は、その夜、記者会見を開いた。

堀江は、買収の狙いを問われ、つい口を滑らせた。

「なぜフジテレビ…いや、ニッポン放送（を買収した）かというと」

本命がフジテレビであるという本音が、思わず漏れてしまったわけである。

「今後、フジテレビジョンとニッポン放送を中核とするフジサンケイグループに業務提携を申し入れます」

ニッポン放送が当初保有している二二・五一％のフジテレビ株を時価換算しただけで、ニッポン放送の時価総額を上回る。ニッポン放送を買収すれば、放送業界でずば抜けて業績のいいフジテレビの経営に関与できるというのは、株の世界では常識だった。

テレビ視聴者をネットビジネスに取り込む

堀江は、インターネットとテレビ・ラジオなど既存メディアの融合を目指した。急成長しているとはいえ、まだまだインターネットは限られた世界である。ビジネス拡大のためには、巨大メディアの「看板」と、それに慣れ親しんだ消費者の取り込みが必要だとの考えがある。

プロ野球球団買収のパフォーマンスで知名度をあげたにも関わらず、ライブドアのサイト利用者数は、最大手のヤフーの三分の一にとどまるとされる。堀江は多くの視聴者を持つ既存メディアと手を結び、多くのネット利用者をポータル（玄関）サイトに呼び込もうとした。

堀江から見ると、人気が高い放送局のホームページがもっぱら番組情報しか載せていない。ポータル（玄関）サイトを強化し、コンテンツ（情報内容）を充実しさえすれば、テレビ視聴者をネットビジネスに取り込むことができる。ライブドアがすでに手がけているインターネットショッピング、証券取引やオークションサイトなどを放送局のホームページでも展開しさえすれば、ネット販売の売上拡大につながる。広告収入にばかり頼る収益構造を変えられる。

また、ニッポン放送は、レコード会社のポニーキャニオンの筆頭株主でもある。ライブドアにとって、音楽配信事業など、インターネットをベースにした事業展開がさらにしやすくなるとの思惑もあった。

ヤフーに大きく水をあけられているライブドアも、放送局のホームページと合体すれば、グループの価値を上げることができる。

いっぽう、ニッポン放送の株式については、TOBによってフジテレビが取得に動いていた。長年続いてきたニッポン放送が逆にフジテレビに力を得るというグループ内の資本関係のねじれを解消し、フジテレビを中核とする新たなグループ経営体制への転換のはじまりとする構想の出鼻をくじかれた形だ。

取得金額は、リーマン・ブラザーズ証券が引き受ける転換社債で調達した。ただ、リーマン・ブラザーズ証券を通じて調達した約八百億円は、ライブドアの二〇〇五年九月期連結決算の税引き後利益見通し五十三億円の約十五倍にも当たる。

じつは二月はじめ、ライブドア本社がある六本木ヒルズ森タワー三十八階の会議室で堀江が最も信頼を寄せる取締役の宮内亮治が、念を押した。

「この買収が失敗したら、全員クビだ。その覚悟は、できているんだな」

堀江を含めた他の取締役四人全員がうなずき、ニッポン放送の買収劇が動きはじめたという。

が、日枝会長は、堀江を跳ねつけた。

「業務提携する気持ちは、毛頭ない。提携を望むなら、話し合いをしながら条件を出し合うのが普通。いきなり株から、というのには乗れない」

堀江は、NHKのインタビューでフジテレビを批判した。

「なぜ拒絶されるのか、わからない」

フジテレビのTOBに賛同する決議をおこなったニッポン放送にも、疑問を投げかけた。

「何のために、取締役会が賛意を表明するのか」

堀江は、週刊誌『アエラ』二月二十一日号でも、フジサンケイグループを批判した。

「(フジサンケイグループは)もっと芸能エンタメ(娯楽)系を強化した方がいい。(産経)新聞がワーワー言ったり、新しい教科書つくったりしても、世の中変わりませんよ」

ひとつの価値観で勝ち負けを論じることは人生に対する冒涜だ

フジテレビジョンと提携しようとした事案に関しては、堀江と熊谷史人が、積極的であった。

宮内亮治は、当初は、慎重に構えていた。ひとつ間違えれば、ライブドアが傾きかねない大きなリスクを負うことになりかねない。そのようなときこそ、重石である宮内は、重石たろうとした。あくまでもブレーキ役となっていた。

だが、宮内は、ひとたび、ライブドアがニッポン放送買収に動くとなると、覚悟を決めた。ライブドアが劣勢に立って、堀江らが弱気になったときには、発破をかけた。

「一度はじめたことを最後までやらないで、どうするんだ！　ここまで来たら、もう後に引けない」

宮内は、ある意味で、社内ではもっとも敏感な経済感覚を持っていた。

ライブドアは、ニッポン放送株を市場で買い続け、フジテレビ、ニッポン放送は防戦一方となった。こうしたなかで、ニッポン放送は二月二十三日、フジテレビに、発行済み株式の約一・四倍に当たる最大四七二〇万株の新株を与えることができる新株予約権の発行を決めた。差し止めの仮処分を覚悟した上での〝時間稼ぎ〟だった。

フジテレビは、ニッポン放送の新株予約権発行を受けてＴＯＢ期限を三月七日にまで延長した。

ニッポン放送の買収に「人生を賭けている」と公言していた堀江は約四億円を投じ、十八人の弁護士を雇った。プロ野球の時と異なり、堀江は周到だった。

ライブドアは東京地裁に新株発行予約権の発行を差し止める仮処分を申請し、三月十一日に、新株予約権の発行差し止めの判断が下された。

ライブドアの執行副社長として園田崇は、フジテレビジョン関係者との交渉の場に、何回か同席した。相手は、五十歳代か六十歳代の担当役員であった。フジテレビジョンの担当役員はあきらかに戸惑っていた。突っぱねようにも、法廷では敗けつづけている。どこを落としどころとするか。模索している雰囲気がありありであった。

園田は、堀江にアドバイスした。

「記者会見のときでも、言葉づかいには気をつけた方がいいです。なるべく腰を低くして話さないと、相手もおもしろくありませんから真意が間違って受け取られてしまいます」

園田は、ライブドアの意思を、誤解なく、ニッポン放送、フジテレビジョンに伝えることにもっとも心血を注いだ。業務提携が結べないという最悪の事態に陥るのは、たがいの意思が通じ合わないときだけだろうと思っていた。記者会見にのぞむ堀江には、口にしてはならないNGワードを書いたメモを、渡してもいた。堀江も、業務提携について、ライブドアとフジテレビの意思がすれちがってしまっているのは知っていた。自分で勝手に話しているようでも、園田の指摘を素直に受け止めて話していた。

そんなあるとき、高裁の判決が下りた後に開いた記者会見で、高裁によって却下された側であるフジテレビのアナウンサーが、堀江に訊いた。

「実際、ニッポン放送の支配者は誰なんでしょうか」

園田らの想定していない質問であった。

堀江は、落ち着きはらっていた。自分の気持ちを率直に話した。

「商法上の支配者は、当然、株主だと思います。しかし心の支配者は違うと思います。心の支配者はリスナーです」

打ち合わせ抜きで出てきた堀江のコメントに園田は驚いた。

堀江は、あくまでも前向きであった。

「ゼロで生まれてきた自分たちは、たとえここで倒れることがあっても、最終的にはゼロである。マイナスにはならない」

園田の分析では、堀江は、東大の学生時代、いまでいうニートだったにちがいない。確固とした目標といえるべきものが見つからないまま時を過ごしているうち、まわりのエリートたちは、自分たちの目標に向っていた。自分だけが取り残された気分を味わった。堀江は、その当時、いわゆる「負け組」であった。だが、どん底を味わった、経済的にも豊かでもなかった大学時代でも、それなりに生きていられた。幸せでもあった。

経済的な豊かさだけが、なによりの基準だとすることがおかしい。堀江は、そう思っていた。

堀江は、六本木ヒルズにオフィスを構える、いわゆる、ヒルズ族と呼ばれるようになっても幸せの絶頂とは思っていなかった。

堀江は、おそらく言うにちがいない。

「ひとつの価値観で、勝ちとか負けとかを論じること自体が、人生に対する冒涜だ」

目立ち過ぎた代償

難航する交渉の裏で、日枝が仕掛けたのが、ニッポン放送の持つフジテレビ局株二二・五％のうち二一・八八％分を買い取ったり借りたりしてくれるいわゆるホワイト・ナイト（白馬の騎士）探しだった。フジテレビ株を〝疎開〟させてさえしてしまえば、仮にライブドアがニッポン放送の経営権を握っても、フジテレビには影響力を及ぼすことができないからだ。

日枝が最後にすがったのが、ソフトバンク系列の金融会社ソフトバンク・インベストメント（ＳＢＩ）の最高経営責任者（ＣＥＯ）だった北尾吉孝であった。

ＳＢＩとは二〇〇四年から、メディア関連のファンド設立を協議している関係にある。東京高裁の仮処分判断が下される前の三月二十一日、フジテレビ社長の村上光一は、東京都港区のホテルオークラに北尾を訪ねた。

話し合いの中で、北尾は言った。

「ライブドアの堀江社長がおこなっていることは、許せない。わたしには解決策がある」

ニッポン放送の新株予約権発行の差し止めを東京高裁が認可した三月二十三日、フジテレビと北尾が連携したことを知らないライブドア社内では、歓声が上がった。

「これでフジテレビとの提携が実現する！」

だが、翌二十四日、ニッポン放送の持つフジテレビ株のSBIへの貸し出しが発表された。高裁での勝利でライブドアが優位に立ったはずの攻防戦は、再び振り出しに戻った。

堀江は順風満帆ばかりではなかった。ライブドアの株価は、フジテレビ株のSBIへの貸し出しが発表された翌日の三月二十五日から六営業日連続で下落、四月一日は三一〇円まで下がった。ライブドアの拡大戦略は高株価を背景にした資金調達力が支えていただけに、財務を預かる宮内亮治の頭に、フジテレビとの交渉が長引いた場合の資金面の不安がよぎった。

「しばらくは大丈夫だが、長期戦になれば資金が底をつきかねない」

株価下落を受け、週明け四日に開いたライブドアの臨時取締役会は、主戦論でまとまっていたこれまでとは違った空気に包まれた。

堀江の信任の厚い宮内、熊谷らが相次ぎ発言した。

「フジテレビとの和解の道を探る方が得策です。すでに投じた一〇〇〇億円超の資金が、動かせない」

フジテレビへの出資に未練の残る堀江も最後には折れ、取得したニッポン放送株をすべてフジテレビに返還すること、フジテレビから受け入れる出資を十五%未満とすることを決断した。

二〇〇五年四月十八日、ライブドアは、フジテレビと業務・資本提携で基本合意した。合意したのは以下の三点であった。

「ライブドア・パートナーズが保有するすべてのニッポン放送株をフジテレビジョンに売却」

「フジテレビがライブドアに一四・六一%出資し資本参加」

「フジテレビとニッポン放送、ライブドアが業務提携」

ライブドアは、どのような形にせよ、フジテレビとの資本業務提携を結べることが先決であった。

そのいっぽうで、二〇〇七年九月末までは、ライブドアの自己株式取得による場合、ライブドアの事前の書面による同意がある場合を除いて、第三者に株式を譲渡、貸株その他の処分をおこなわないロックアップ契約を結んでいた。長期的な、今後の礎となった。つぎにつながる形におさまった。

フジテレビは、ニッポン放送株を三十二・四パーセント所有しているライブドア・パートナーズを六百七十億円で買収する。フジテレビが、ライブドアに四四〇億円を出資することが決まった。フジテレビは、ライブドアの発行済み株式の十二・七五％を所有する第二位株主になった。

インターキュー（現ＧＭＯインターネット）社長の熊谷正寿によると、堀江は、この戦いでは、かなり敵をつくった。それでも平然としていられる。相手が自分に敵意を抱くことなど、なんとも思っていないようである。

堀江は、ニッポン放送株を買い上げることでフジテレビジョンとの融合を図った。融合できるなら、まさに産業史に残る出来事である。熊谷は、純粋にすごいと思った。

そのいっぽうで、熊谷から見ると、堀江が順調に業績を向上させている印象はなかった。にも関わらず、株価は、どんどん上昇している。その堀江のアグレッシブな面には、感心しきりであった。

堀江は堀江なりの、正しいと思うロジックにしたがって行動したにちがいない。しかし、熊谷はテレビやマスコミで露出している堀江を見て、思った。

〈堀江くんも、あまり目立たない方がいいのに…〉

危うさをつねに感じていた。堀江のようにダイナミックな展開を試みたり、経営者がテレビに露出するような企業が生き残るケースは、それほど多くはない。一時よくても、かならず副作用が起きる。力で本丸を奪い取ろうとすると、かならずその反動が起きる。

堀江があそこまで目立たなければ、地検の捜査はなかったかもしれない。

堀江 貴文◆勝利の方程式

堀江貴文は、なんと、ラジオ局のニッポン放送の株の取得に動いた。堀江の狙いは、たんにニッポン放送に力を持とうとしたのではない。ニッポン放送を買収すれば、放送業界でずば抜けて業績の良いフジテレビの経営に関与できる。

フジテレビのホームページは、もっぱら番組情報しか載せていない。ポータル（玄関）サイトを充実しさえすれば、テレビ視聴者をネットビジネスに取り込むことができる。ライブドアがすでに手がけているインターネットショッピング、証券取引やオークションサイトなどを放送局のホームページでも展開すれば、ネット販売の売上拡大につながる。

また、ニッポン放送は、レコード会社のポニーキャニオンの筆頭株主。ライブドアにとって、音楽配信事業などインターネットをベースにした事業展開がしやすくなる。

堀江は、さらに本丸のフジテレビの買収までたくらんだ。フジテレビ株の三分の一取得を目指し、ＴＯＢ（株式公開買い付け）に踏み切ろうとした。堀江は、最終的にフジテレビと折り合いをつけるが、フジテレビがライブドアに四四〇億円を出資させるなど、したたかにいくつかの条件は呑ませた。

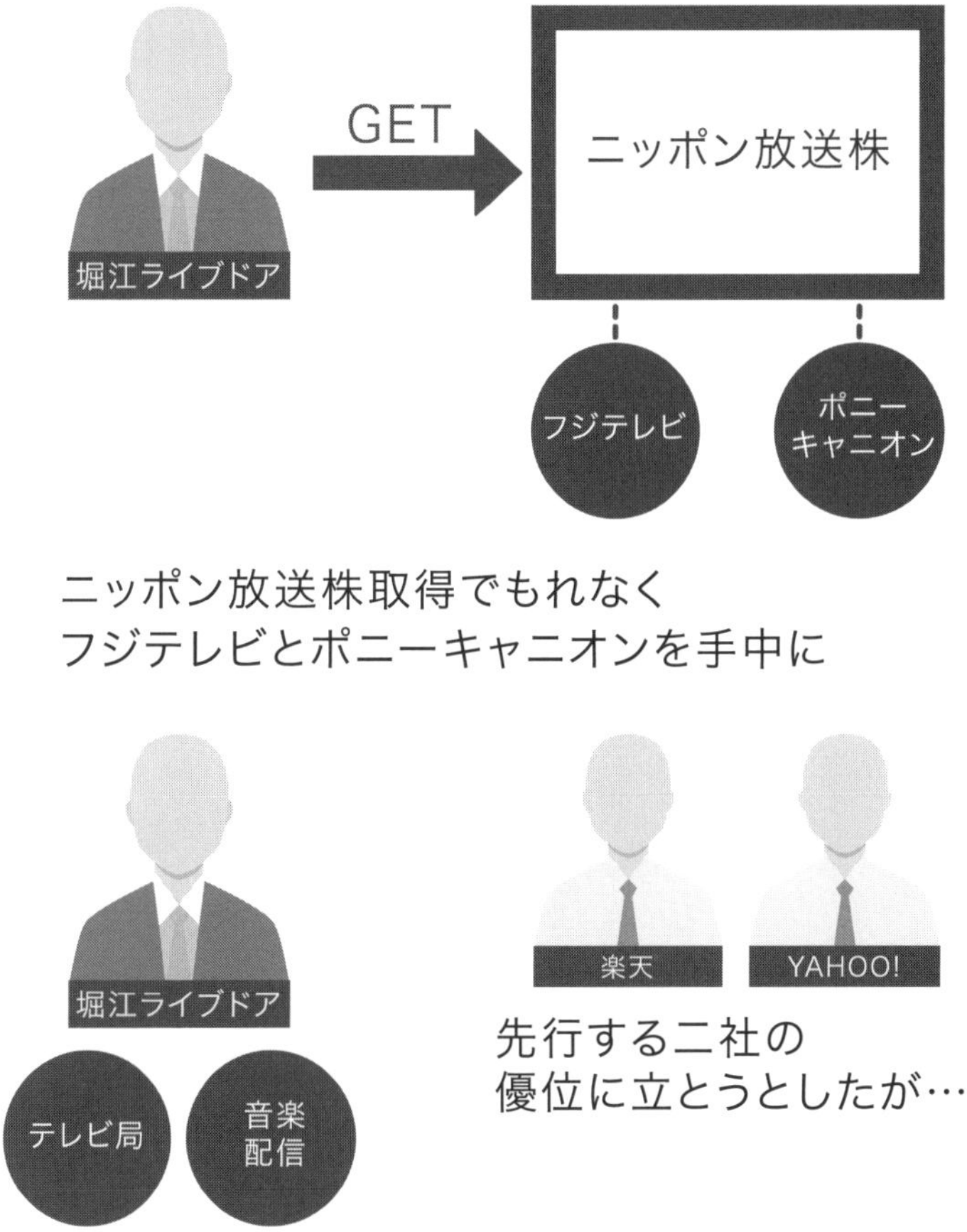
堀江ライブドア
GET
ニッポン放送株
フジテレビ
ポニー
キャニオン
ニッポン放送株取得でもれなく
フジテレビとポニーキャニオンを手中に
堀江ライブドア
テレビ局
音楽
配信
楽天
YAHOO!
先行する二社の
優位に立とうとしたが…

カリスマに学ぶ突破術⑦

メイドインジャパンの挑戦

井深 大と盛田 昭夫

――小さな町工場が成し遂げた大きな発明

井深大と盛田昭夫【年表】

・1908年　井深大、栃木県上都賀郡日光町(現在の日光市)に生まれる。

・1921年　盛田昭夫、愛知県名古屋市に生まれる。

・1932年　井深大、早稲田大学理工学部卒業。

・1944年　盛田昭夫、大阪帝国大学理学部物理学科卒業。

・1945年　井深と盛田、戦時研究委員会で出会う。

・1946年　東京通信工業設立。

・1950年　井深、代表取締役社長に就任。
日本初のテープレコーダー発売。

・1955年　日本初のトランジスタラジオ「TR-55」発売。

・1957年　世界最小のポケッタブルトランジスタラジオ「TR-63」発売。

・1958年　ソニーに社名変更。

・1960年　世界初の直視型トランジスタテレビ発売。

・1963年　世界初のトランジスタ小型ＶＴＲ発売。

・1965年　世界初の家庭用ビデオテープレコーダー発売。

・1968年　トリニトロンカラーテレビ発売。

・1971年　井深、代表取締役会長に就任。
盛田、代表取締役社長に就任。

・1979年　ウォークマン発売。

・1982年　世界初のコンパクトディスクプレイヤー発売。

・1997年　井深大、死去。

・1999年　盛田昭夫、死去。

若い技術者をトランジスタに挑戦させよう

「東京通信工業」のちの「ソニー」の井深大社長を、ある事情が悩ませていた。ニューヨークに来て以来、ずっと眠れない苦しい夜を過ごしていた。

当時、大学や専門学校の卒業生を雇うと、かならずかれらを会社の幹部にしなければいけないような風潮があった。が、そんなにたくさんの人間を課長や部長にできなかった。

〈テープの仕事が軌道に乗りはじめたいま、かれらのエンジニアリングパワーを有効に活かすには、どんな仕事がいいのだろう〉

そのことに頭を悩ませていた井深にとって、トランジスタの特許の話は、まさに渡りに船であった。

〈トランジスタを、やってみよう!〉

技術屋もたくさん必要だ。リサーチもしなくてはいけない。

〈よし、これは、難しい技術にちがいないから、ぜひ、かれらにやってもらおう。磁気テープをゼロから開発したあの連中のことだ。なんでも新しいものに首を突っこむ

のが好きだろう〉

特許料が、なんと二万五千ドルだという。日本円にして約九百万円だ。年間利益が、すっ飛んでしまう。少々どころではない冒険だ。しかし、やってみる価値はあるようにおもった。

トランジスタも、当初のポイントコンタクト（点接触）型から合金型へと変わっていた。井深が想像していたような昔の「鉱石検波器」のようなものではないことがわかった。

〈トランジスタに興味はなかったが、心を入れ替えて、ちょっと睡をつけてみることにしよう〉

井深は、ニューヨーク支店の山田志道に頼んだ。

「トランジスタの話を、よく聞いて帰りたいんだ。ぜひ、相手の担当者に会わせてほしい」

山田は、WE社の特許担当セクションのマネージャーに何度もコンタクトをとってくれた。しかし、そのマスカリッジマネージャーのアポイントメントが、なかなかとれない。

井深は、何度か、WE社を訪ねた。

ＷＥ社の社員だれもが、興味深げに井深に訊いた。

「おまえは、トランジスタを日本でつくって、なんに使うのか」

井深は、すでに、トランジスタを使ってラジオをつくる発想を抱いていた。

「ラジオだ」

そう答えると、みんなが忠告した。

「それだけは、やめとけ。アメリカでは、十二社がトランジスタのライセンシー（許可を受けた者）になっている。海外にも、六社のライセンシーがある。みんなメジャーな会社ばかりだ。それぞれ高周波のトランジスタを開発しようとあくせくしている。しかし、歩留まり（良品化率）なんていう段階にも達していない。おまえのところでやっても、できるわけがない。ラジオだけは、やめとけ」

井深は、自信があった。なぜ、こんなに反対するのか不服だった。

井深は、いままでテープレコーダーで、相当いい商売をしてきた自負と金の蓄積もあった。この金をすべて注ぎ込んでもたいしたことはない。そう思ってさえいた。

〈歩留まりが悪いのは、どこかに欠陥があるからだ。その欠陥さえ見つけだせば、歩留まりは、パッと上がるはず。歩留まりが悪いものほど、やるべき価値があるはずだ。これができたから、次はこれをやろう。今度は、これだ、というような悠長な積み重

ね方式では駄目なのだ。いきなり、次はラジオだ、といわなければならない〉

町工場に毛の生えたような会社の無謀な試み

ついに、井深は日本に帰る日がやって来た。しかし、特許担当マネージャーのマスカリッジには、なお会えない。なんとしてもマスカリッジに会わないと帰れない。井深は、あきらめきれなかった。山田にあとのことを託した。

帰国後、井深は、すぐに東京通信工業専務の盛田昭夫に伝えた。

「トランジスタを、東通工で、やれるだろうかねえ」

盛田は、賛成した。

「やるだけの価値は、ありそうですね」

井深は、常務の笠原功一も呼んで訊いた。

「トランジスタは、できるだろうか」

笠原はいった。

「一日、返事の猶予をください」

笠原は、考えつづけた。

町工場のような東通工でやるには、突拍子もない冒険におもえた。

〈こんなことは、大企業がやることじゃないだろうか……〉

しかし、井深と盛田のふたりがあれほど乗り気なのは、かならずなにかあるのだろうとおもった。

一晩経つと、ぜひやるべきだ、とおもわれてきた。

社内で合意を得た井深は、さっそく千代田区霞が関の通産省（現経済産業省）に出向いた。

「トランジスタ製造の認可をいただきたい」

担当者は、首を横に振った。

「止めといたほうがいい。ちょっとやそっとのことでは、トランジスタなんてできない」

担当者は、町工場に毛の生えたような東通工で、難しいトランジスタができるわけがない、と馬鹿にしきっていた。それに、できないものに特許料を払い、みすみす貴重な日本の外貨を使われてはたまらない、という計算もあったのだろう。

じつは、東芝、三菱、日立といった大メーカーも、ぼつぼつトランジスタの開発を進めていた。

「アンブレラ契約」といって、アメリカのRCA（ラジオ・コーポレーション・オブ・アメリカ）からすべての技術を供与してもらう代わり、すべての商品に対してロイヤリティを払わなくてはいけない。

通産省担当官は、苦々しげにいった。

「日本を代表するこれら大メーカーでさえ、アンブレラ契約でやろうとしている。それなのに、真空管もつくったことのない名もない会社が、WE社から特許権だけを買い取ろうというのは、あまりにも無謀だよ。そんな会社に、トランジスタの製造特許の導入認可なんかやれないな」

ポケッタブルラジオの構想

ところが、井深や盛田はすでにトランジスタを使ってどんな種類のラジオをつくるべきかも考えはじめていた。

盛田は、おもっていた。

〈ラジオの概念が世界的に変わりつつある〉

『ハイファイ』という新しい言葉が流行しはじめている。人々は純粋な音、本物に近い音、少なくとも感動的な音を出す再生装置を求めている。初期のハイファイ・ファンは、新しいプレーヤーの性能を自慢するために、機関車の音、離陸する飛行機の爆音、馬の蹄の音、パトカーのサイレン、昔のピストルの音、その他あらゆる種類の音を録音したレコードを集めている。スピーカーが大きくなり、音も大きくなり、ハイファイ愛好家たちは、真空管をたくさん使うほど純粋な音が出ると信じている。

井深は、盛田にいった。

「トランジスタが、あのかさばって熱くて長持ちしない真空管の代わりに使えるのではないか。そうすれば、電子製品を小型化できるばかりか、電力の消費量も下げることができる。相当な高周波をこなせるトランジスタを考案できれば、電池式の超小型ラジオをつくることができる。最小限の電力で、どこでも持ち歩けるパーソナル・ラジオができる」

盛田は、井深にいった。

「日本人は、昔から小さな物や小さくまとまったものが好きだ。箱は入れ子になるように、扇子はたためるように、掛軸はきちんと巻物になるようにつくられている。美しい風景が描かれた屏風さえも、たたんでしまい込むことができる。開けば、見て楽しむため、人をもてなすため、あるいは部屋を仕切るためと、いくとおりにも使うことができる。われわれは、ワイシャツのポケットに入るような小さなラジオをつくることをめざすことにしよう」

盛田は、強調した。

「単なる『ポータブル』ではなく、ポケットに収まる『ポケッタブル』にしよう！」

ＲＣＡは、戦前すでに「ピーナッツ」と呼ばれる小さな真空管を使って中型のポータブル・ラジオをつくっていた。

が、わずか四時間しかもたない高価な電池に、スペースの半分が占領されていた。

トランジスタは、電力とサイズの問題を一挙に解決するはずだった。

井深や盛田は、トランジスタの研究に取りかかるのを楽しみにしていた。

昭和二十八年（一九五三年）夏、ついにＷＥ社との交渉を託していた山田志道のアメリカでの交渉が実った。

山田は、国際電話で、井深にはずんだ声でいってきた。

「マスカリッジが、トランジスタの特許実施権を与えることを快諾してくれましたよ。よかったですね」

「ええッ、ほんとなの……」

井深は、すぐには信じられなかった。

「ええ、東通工が独力で、どこのノウハウももらわずにテープレコーダーの開発をやりとげたことを、非常に高く買っているんですよ。そういう冒険心のある企業は、助けてやろうじゃないか、と心を動かしたようです」

しかし、通産省の外貨の割当て許可は、いまだにもらっていない。井深は、大胆にも、通産省の許可なしで、盛田にアメリカに行ってもらうことに決めた。

アメリカでも作られたことのないものを自分たちが作れるのか

盛田が帰国したのは、昭和二十八年（一九五三年）十月である。

いよいよ、井深と盛田は、トランジスタを使った製品の開発に乗り出した。

「ラジオだね」

井深が出した答えであった。

しかし、社運を賭けてまでする開発だろうか。

半信半疑におもった東通工内の技術者は圧倒的に多かった。

なにしろ、アメリカでもつくられたことがない品物なのだ。

井深は、ＮＨＫの島茂雄技研所長にも、はずんだ声でいった。

「今度、うちでトランジスタをやるよ。それもラジオだ」

島は、無謀だと反対した。

「ラジオなんて、大丈夫なのか、アメリカだって、トランジスタは、金に糸目をつけない国防用にしか使われないじゃないか。トランジスタのような高価なものを使って民生用の機械をつくったって、だれも買いはしないよ」

井深は、そうまでいわれるとムキになった。

「そうじゃないよ。たしかにトランジスタの製造の歩留まり（良品化率）というのは、いまのところアメリカでも、せいぜい五パーセントあるかないかだな。それでもって商売にならんと信じ込んでいる。ぼくは、反対なんだ。歩留まりが悪いからこそ、おもしろいとおもってる。悪いというなら、よくすりゃいいんだからな」

井深の頭の中には、もうトランジスタを使った小型ラジオの開発のことしかないのだ。

それまであんなにムキになって開発し、世界のＷＥ社からそれをつくりあげる独立独歩の敢闘精神をほめられたというテープレコーダーのことさえ、脳裏からすっぽり抜け落ちているのだ。

島は、井深の反論をたしかに正論だとおもった。

しかし、難題はあった。通産省の堅物役人たちをどうやって説得するかだ。

井深は、もういちど通産省に足を運んだ。

「じつは、当社ではWE社からライセンシーとしての許可をもらいました。ついては、通産省のほうでも、なんとかこの件に関して認可をお願いいたします」

通産省担当者は、かんかんになって怒ってしまった。

「勝手にサインしてくるなど、もってのほかだ。けしからん、帰れ！」

しかたないことだった。役人は、法律の番人である。無理に事をこじらせてもよくない。井深は決めた。

〈自分たちは、とりあえず技術開発の方向だけに神経を集中することにしよう〉

社内の技術の精鋭たちがすぐに集められた。

トランジスタ開発部隊のヘッドは、テープレコーダーの製造部長をやっていた岩間和夫が志願してきた。

「わたしがやりたいです」

しかし、製造ノウハウもなにもない。資料もない。いや、わずかながらあった。盛田が持って帰った『トランジスタ・テクノロジー』である。

これは、以後、岩間たちのバイブルとなる。

果報は寝て待てというが、東通工にとって朗報が舞い込んできた。

昭和二十八年暮れ、急きょ、通産省の人事異動が発令された。電気通信課など、東通工のトランジスタの特許に猛反対していた担当部局の人たちが入れ代わった。

年が改まり、昭和二十九年（一九五四年）になると、急にトランジスタの特許を導入してもよいと決まった。

ノウハウはいらない。無手勝流でトランジスタ製造に乗り出す

正月に朗報を聞いた井深は、ふたたび、WE社のトランジスタ工場を見学に行くことにした。

前回は、話を聞いたとき、トランジスタがどんなものかわからなかった。そのため、詳しく見学する時間もなかった。今度は、じっくり見学させてもらおうとおもった。

まず、岩間が先に飛び立った。

つづいて一月末、井深も、岩間を追って二度目のアメリカ視察旅行に飛び立った。

岩間は、三十五歳、脂が乗り切った時期でもあった。『トランジスタ・テクノロジー』のテキストで製造に関する基礎を知ったていどにしかすぎない。かといって、WE社が工場見学はさせてくれても、製造装置の仕様書などの資料はもらえない。

岩間は、工場を見学している間、これはと興味を持った装置を前にすると、そのたびに、片言英語で質問を浴びせた。

その印象や、答えてもらった内容を報告書にまとめた。

その場で装置の図面をノートにとることなどできない。ホテルに帰って、必死になって見たこと聞いたことを思い出し、ラフながらスケッチをし、レポートにまとめた。

そのレポートを最初にアメリカから東通工に送ったときは、九枚であった。

つづいて二月十九日に送ったのは八枚。二月二十一日九枚。四月七日五枚。四月九日五枚。四月十三日八枚。細かく書いた岩間のレポートが次々に送られてくる。

定期便のように送られてくる岩間のレポートと、盛田が持ち帰った『トランジスタ・テクノロジー』を参考に、岩間が帰ってくるまでに、トランジスタをつくっておこうとみんなの意見がまとまった。

昭和二十九年（一九五四年）二月二日、東京通信工業は、通産省の外資割当審議会で、ウェスタン・エレクトリック社（ＷＥ社）のトランジスタに関する製造特許を導入することを許された。

ただし、あくまでも製造特許である。ノウハウ契約ではない。東通工以外の日立や東芝など日本のメーカーでは、ＲＣＡ社とアンブレラ契約を結び、ノウハウを全部いただいていた。アンブレラ、つまり傘の下での契約ゆえ、ノウハウは、そっくりそのままもらえた。技術的な苦労はしなくてすんだ。

が、東通工だけは、アンブレラ契約を潔しとしなかったのである。ノウハウはもらえない代わりに、なにをどんなふうにつくってもいいわけだ。

製造法から製造装置まで、一から東通工独自の技術でつくりあげるのだ。ＷＥ社の直接のライセンシーとなったのは、東通工だけであった。例によって、無手勝流で、トランジスタを製造するための工作機械からつくりあげていくのだ。

東通工がつくろうとしているのは、ＷＥ社の手がけるグローンタイプ、つまり成長型トランジスタだった。それに対し、ＲＣＡ社とアンブレラ契約をむすんだ日本の他メーカーがつくろうとしているのは、ゲルマニウムにインジウムの電極をつけた合金型と呼ばれるタイプだった。

グローンタイプは、合金型にくらべ製造技術が複雑で難解だった。しかし、これが、東通工が開発しようと燃えているトランジスタラジオ用の高周波のトランジスタに適している。

WE社からの半導体技術を中心に半導体の研究をつづけるとともに、半導体製造設備の設計に取りかかった。

世界初、真にポータブルなラジオ開発に成功

昭和三十年八月二十日、待ちに待った日本最初のトランジスタラジオが完成したのだった。

「TR－55型」。八九×一四〇×三八・五ミリで重量は五百六十グラムと軽かった。価格は一万八千九百円である。

TR－55型のカタログには、こう謳っていた。

『ラジオはもはや、電源コード付きの時代ではありません。ご家庭のラジオもすべてTRとなるべきです。皆様のお好みの場所に、TRはお供することができます』

仏壇のようなイメージの戦前の据置き大型ラジオは、戦前の日本のお茶の間の風景を特徴づけていた。が、戦後、進駐軍が、歩きながら聴けるポータブルラジオを持ち込んできた。電池で動くラジオだ。たちまち庶民の羨望の的となった。これを真似して、日本でもラジオの小型化が進んだ。

しかし、真にポータブルといえるのは、このＴＲ―５５型であった。

井深大と盛田昭夫◆勝利の方程式

井深大社長は、テープレコーダーをつくっていたが、突然、「トランジスタラジオをつくってみよう」と思いたった。ところが、トランジスタの特許を持っているニューヨークのWE社の担当者が忠告した。

「止めておけ。ライセンスを受けた六社があくせくしているが、歩留まりが悪すぎる」

歩留まりが悪いのは、どこかに欠陥があるからだ。その欠陥さえ見つけ出せば、歩留まりは上がる。歩留まりが悪いものほどやるべき価値がある。つまり逆転の発想である。これができたから、次はこれやろうというような悠長な積み重ね方式ではだめだ。いきなり、次はラジオだと飛躍すべきだ。

次に、トランジスタの製造特許の導入を求めて通産省（現経済産業省）に申し入れた。が、馬鹿にされた。町工場に毛の生えたような東通工に、トランジスタラジオなどできるはずがない。井深は、さらに情熱を燃やした。なんと、電池式の超小型ラジオ、どこでも持ち歩けるポータブルラジオを作ろうとした。井深、盛田昭夫は、ついに仏壇のようなイメージの据え置き大型ラジオの時代、持ち運べる小型のトランジスタラジオを売り出したのだ。

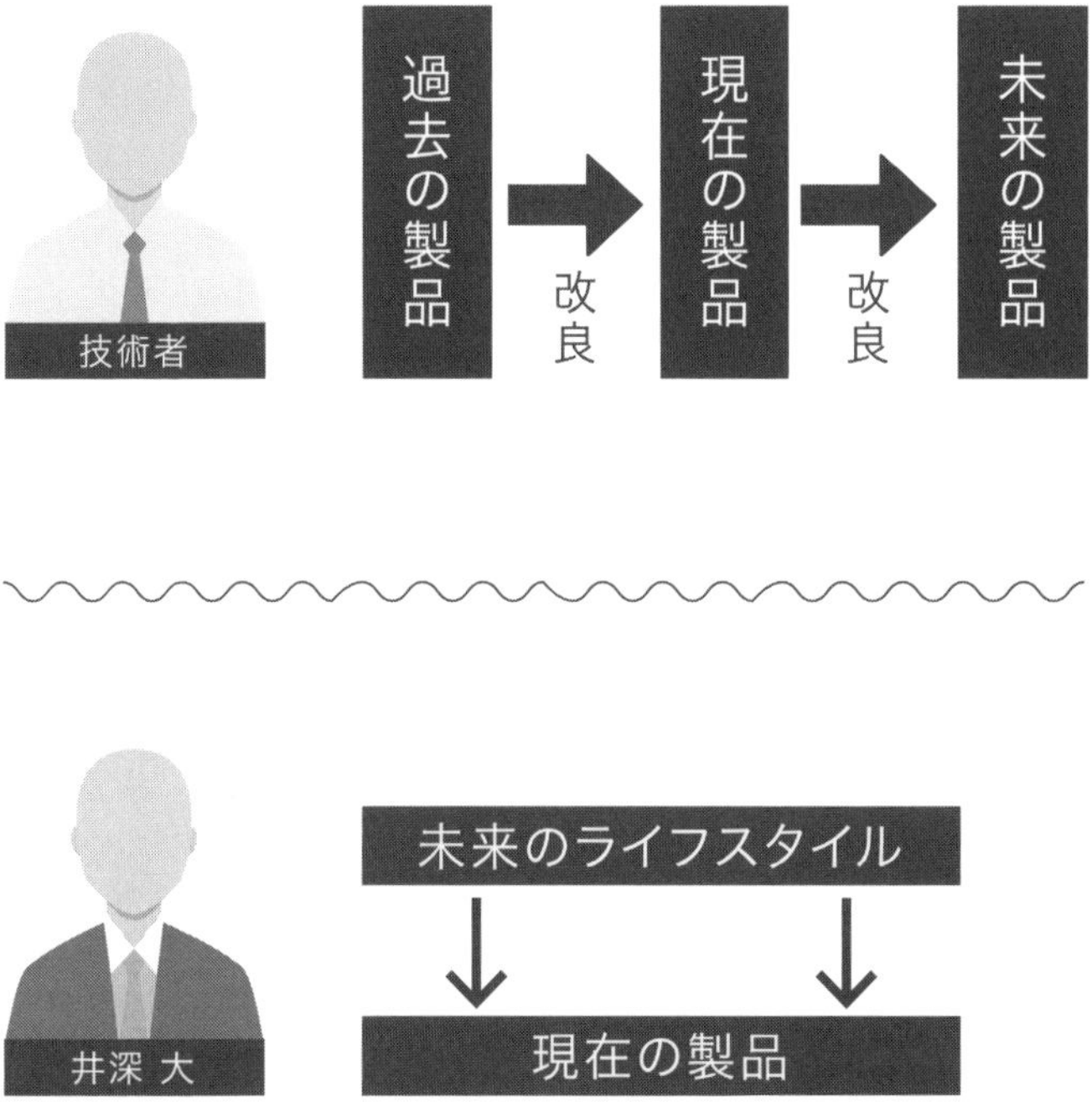

未来を先に考えて、現在の製品を生み出す。

カリスマに学ぶ突破術⑧

夢を実現する闘志

本田宗一郎

―マン島レースへの挑戦

本田 宗一郎【年表】

・1906年（ 0歳）	静岡県磐田郡光明村（現在の浜松市天竜区）で生まれる。
・1922年（15歳）	二俣町立二俣尋常高等小学校卒業、東京市本郷区湯島の自動車修理工場「アート商会」に入社。
・1928年（21歳）	アート商会に6年勤務後、のれん分けのかたちで浜松市に支店を設立して独立。
・1937年（30歳）	東海精機重工業株式会社社長に就任。
・1945年（38歳）	「人間休業」と称して1年間の休養に入る。
・1946年（39歳）	浜松市に本田技術研究所設立。所長に就任。
・1948年（41歳）	本田技研工業株式会社を浜松に設立。同社代表取締役就任。従業員20人でスタート。二輪車の研究を始める。
・1949年（42歳）	後にホンダの副社長となる藤沢武夫と出会う。
・1951年（44歳）	ドリーム号（オートバイ）で箱根越えに成功。
・1955年（48歳）	本田技研工業、2輪者生産台数日本一達成。
・1958年（51歳）	スーパーカブC100型発売。
・1959年（52歳）	マン島レース初参加。
・1961年（54歳）	マン島レースで1～5位を独占して完全優勝する。
・1962年（55歳）	自動車産業に進出。
・1973年（66歳）	本田技研工業社長を退き、取締役最高顧問に就任と発表。
・1989年（82歳）	アジア人初のアメリカ合衆国の自動車殿堂入りを果たす。
・1991年（84歳）	死去。

マン島TTレース出場宣言

昭和二十九年三月はじめ、本田技研工業社長の本田宗一郎に専務の藤沢武夫がいった。

「社長は、マン島のTTレースに出たいといっていましたね」

「ああ、そうだよ」

TTレースは、ツーリスト・トロフィー・レースと呼ばれるもので、イギリスのマン島で毎年世界各国の優秀なオートバイ関係者が集まり、レースを繰り広げる。四百二十キロを一気に突っ走る、過酷なレースとして知られていた。

本田は、かねてから、モーターサイクルのオリンピックといわれているマン島TTレースに出場したいという夢を抱いていた。藤沢にも、その夢を何度も語っていた。

藤沢は、本田にいった。

「どうせ苦労のしついでだ。おれも、TTレースで勝負してみたい。社長の夢を、みんなの目標にするんだ」

社員を鼓舞するための一策が、マン島TTレース出場であった。

本田は、心をはずませた。藤沢にいった。

「古橋のように体力じゃ、とてもかないっこねえ。だから、おれたちは、頭脳のオリンピックで勝とうじゃねえか」

古橋広之進は、本田と同じ静岡県で生まれた。昭和二十四年のロサンゼルス全米水泳選手権では、四百メートル自由形四分三十三秒三、八百メートル自由形九分三十五秒二、千五百メートル自由形では十八分十九秒〇の世界新記録で優勝を果たした。〝フジヤマのトビウオ〟の愛称で、占領下の日本人の希望の象徴となった。古橋の活躍は、戦争に敗れた惨めさから早く脱却したいという気持ちを抱いていた日本国民を、どれほど勇気づけたことか。

本田は、さらにいった。

「TTレースに参加して優秀な成績をおさめないかぎり、世界のオートバイ市場をイタリアやドイツから奪い取ることはできねえ。技術のレベル・アップによる輸入防止の念願を達成できぬ」

本田は、藤沢にいった。

「TTレースのため、おれも一筆書こう」

文字を書くことの苦手な本田は、「マン島TTレース出場宣言」を発表した。

『〈宣言〉

わが本田技研創立以来ここに五年有余、画期的飛躍を遂げたことは、全従業員努力の結晶として誠に同慶にたえない。

私の幼き頃よりの夢は、自分で製作した自動車で全世界の自動車競走の覇者となることであった。しかし、世界の覇者となる前には、まず企業の安定、精密なる設備、優秀なる設計を要することはもちろんで、この点を主眼としてもっぱら優秀な実用車を国内の需要者に提供することに努めて来たため、オートバイレースには全然力を注ぐ暇もなく今日に及んでいる。

しかし今回サンパウロ市に於ける国際オートレースの帰朝報告により、欧米諸国の実情をつぶさに知ることができた。私はかなり現実に拘泥せずに世界を見つめていたつもりであるが、やはり日本の現状に心をとらわれすぎていたことに気づいた。いまや世界はものすごいスピードで進歩しているのである。

しかし逆に、私の年来の着想でもってすれば必ず勝てるという自信が昂然と湧き起こり、持ち前の闘志がこのままでは許せなくなった。

絶対の自信を持てる生産態勢も完備した今、まさに好機到る！　明年こそはＴＴ

レースに出場せんとの決意をここに固めたのである。
わが本田技研はこの難事業をぜひとも完遂し日本の機械工業の真価を問い、これを全世界に誇示するまでにしなければならない。わが本田技研の使命は日本産業の啓蒙にある。
ここに私の決意を披瀝し、TTレースに出場、優勝するためには、精魂を傾けて創意工夫に努力することを諸君と共に誓う。右宣言する。
昭和二十九年三月二十日
本田技研工業株式会社社長
本田宗一郎』

本田はこのとき、あらためて思った。

〈おれという人間は、夢を食って生きているんだな〉

が、本田は、あくまで技術屋を認じている。具体的なことでないと考えるのが嫌である。具体的で実現可能な夢でないと嫌であった。

本田が全社員が一丸となってTTレースにチャレンジしようと宣言で呼びかけたにもかかわらず、クールに会社状況を眺める社員はいった。

「こんなときに、どうかしている」

世間の目も、本田技研が苦し紛れに、できもしない法螺を吹いていると見ていた。

「おれたちには歴史はないけれど……」

本田は、昭和二十九年六月九日午前七時四十五分、羽田空港からエアフランス機でヨーロッパに旅立った。

本田は、六月十四日からイギリスのアイリッシュ海に浮かぶマン島でおこなわれたTTレースを観た。度肝を抜かれた。TTレースは、オートバイ界世界最高のメーカーが、一周六十キロメートルのコースを七周して競い合う。合計で四百二十キロメートル。東京—大阪間に匹敵する距離である。日本のレースとは、走行距離にしてもひと桁ちがう。

ドイツのNSU、イタリアのジレーラといったバイクメーカーのオートバイは、気筒容量は本田技研工業を代表するドリームとさして変わらない。しかし、なにしろ当時の本田技研の二二〇ccは最高八・五馬力。それに対して、わずかに三〇ccしかちががわない二五〇㏄エンジンで、ドイツのNSUは三十六馬力、イタリアのMVアグスタは三十九馬力も出していた。

〈どうして、このようなエンジンができるのか〉

自信家の本田も、さすがに唖然とした。

〈TTレース出場なんて、えれぇことを口走ってしまったな〉

自分の宣言が、はたして達成できるのか。眼の前が暗く翳る思いがした。

翌朝、本田は、ふたたびレース場に足を運んだ。昨日の衝撃は、ひと晩寝たおかげで、すっかり癒えていた。

〈こっちの連中は、歴史があったからこそ、これだけのものをつくったんだ。おれたちは歴史はないけど、これを見たという現実は、歴史と同じ効果がある〉

闘志がめらめらと燃えあがってきた。苦しい状況になればなるほど、闘志が燃え上がってくる。自分で自分を縛って、目標にむかって突っ走る。これが本田の手法であった。

本田は、オートバイ先進国といわれるイギリス、ドイツ、フランス、イタリアといった国々を見て歩いた。

ネジをポケットに入れて帰国

本田は、いよいよイタリアのローマから帰国の途に着く前夜、その荷物の多さに溜め息をついた。

「これじゃあ、超過料金をとられるのはまちがいねえな」

本田は、飛行機に乗るとき、荷物が三十キロを越えると、一キログラムにつきいくらと割増料金をとられると聞いていた。しかし、財布のなかに紙幣は、ほとんど残っていない。みんな、部品購入のためにつかってしまったのだ。

東京にもどってレース用の部品を探そうにも、スポーク、エイボンのレーシング用のタイヤ、チェーン、キャブレター、どれをとっても、ひとつもない。それなら、と本田は、レース用の部品を、イタリアではキャブレター、タイヤ、イギリスではリムやスポークを買いこんだ。旅費をすべて部品に注いだ。食事代まで削った。おかげで、帰りの飛行機に乗るまで、空腹がつづいていた。

本田は、名案を思いついた。

〈手持ちの荷物を多くすれば、いいんだ〉

重量のあるリムやタイヤは自分で背負い、金物の部品はフランス航空がくれた手持ちバッグに詰めこんだ。

〈手持バッグは、重さを計らないはずだ。これまで空港の出入りのとき開けさせて中身を見ることもしなかった〉

本田は、いよいよローマ空港に向かった。タイヤやリムを紐で縛って背負い、左手には旅行用のトランクを引き、右手には部品をパンパンに詰めてはち切れそうになっているフランス航空の手提げバッグ。まるで競輪選手が遠征している姿のようであった。行き交うローマのひとたちは、なんだあれはといった表情で、本田を振り返った。

本田が帰国したのは、七月十七日午前九時半のことであった。藤沢は、羽田空港まで出迎えた。本田は、タイヤだのチェーンだのスポークだのといった部品を、いっぱいに手にしていた。そればかりか、なぜかこの暑さのなかで着ている外套のポケットにもさまざまなものを詰めこんでいる。

ポケットを探った。なにしろ、いろんな物を詰めている。なかなか出てこない。探しに探したすえ、本田は声をあげた。

「あった。あった！」

本田が差し出した、これまで職人としてさまざまな傷が彫りつけられている左の手の平には、一本のネジが転がっていた。

本田は、うれしそうに顔をほころばせた。

「工場の床に落ちていたのを、ちょっともらってきてしまったんだ」

藤沢が訊いた。

「なんだい、これは?」

「クロス・ネジだよ。これで、生産性がずっと上がる」

物を接着するには、溶接とネジ締めがある。ネジ締めの場合、そのころの日本には、マイナス・ネジしかなかった。頭にプラスの刻みの入ったクロス・ネジはなかった。マイナス・ネジは手作業でしか回せないが、クロス・ネジは圧搾空気をつかって機械で締めることができる。

本田が工場から拾ってきたネジは、本田技研だけでなく、日本の生産性に革命をもたらす代物だったのである。

本田は、ネジメーカーの担当者に持ち帰ったクロス・ネジを見せ、頼んだ。

「これと同じネジをつくってくれ」

しかし、ネジメーカーは、つくり方がわからないという。

本田は、自分で製造方法を教えた。

明日咲かせる花は、いま種を蒔いておく

昭和二十九年十月二十三日、埼玉製作所に「TTレース推進本部」を設置した。事務責任者に、弥富賢之が就任した。資料の整備、所定関係機関との連絡、折衝、出場についての所内の一切の事務的、技術的準備の統合促進をはかる。本田技研の全機能をあげて、TTレースにむかう姿勢をあきらかにした。

「TTレース推進本部」では、エンジンは市販の二二〇cc4E型をチューンアップした。最高速度百五十キロを記録した。それでも、時速二百キロ以上の超高速で走るヨーロッパのグランプリ・マシンとは比べものにならなかった。

昭和三十年のマン島TTレース出場は、ついに断念せざるをえなかった。

本田技研は、昭和三十年十一月、日本初の本格的オートバイレース「第一回全日本オートバイ耐久ロードレース」に参加した。いわゆる「浅間火山レース」である。

本田技研は、一二五ccクラスに「ベンリイJRA」、二五〇ccに「ドリームSAZ」、三五〇ccに「ドリームSBZ」、五〇〇ccに「ドリームSDZ」と全クラスにエントリーした。

第一日目の二五〇ccクラス。「ドリームSAZ」は、チームメイト同士の接触事故から調子が狂った。タイヤのパンク、バッテリースロットル不調とマシントラブルが続出した。なんとか、二位、六位に入っただけ。チーム賞も、モナークに奪われた。

第一日目の一二五ccクラス。「ベンリイーRA」四台が、マシントラブルで次々と脱落し、九位に入るのがやっとであった。

二日目は、強力なライバルのいない三五〇ccクラスの「ドリームSBZ」、五〇〇ccクラスで「ドリームSDZ」が連勝し、ナンバーワンメーカーの体面をかろうじて保った。

浅間火山レースで手痛い敗北を喫した本田は、レース部門のさらなる強化をもくろんだ。レーシングマシンの研究開発を担当する「技術部第二研究課」を新設し、河島喜好を初代課長に据えた。

河島が、本田にあらたまって訊いた。

「本当に、TTレースに出るのですか?」

「何が何でも出る。モタモタしていると、どんどん置いていかれる」

本田はつづけた。

「それにな、みんながいま苦労している時だろう。こんな時こそ、夢が欲しいじゃないか。明日咲かせる花は、いま、種を蒔いておかなきゃいけないんだ」

河島は、本田に念を押した。

「第二研究課というのは、ＴＴレース宣言を実行に移すためのものです。だから、まずエンジン設計、車体設計、試作課から人員をください。それから、マネージャー、テストライダーをふくめて何人かのライダーをください。それから、メカニックもください。それがなかったら、わたしはやりません」

本田は了承した。

「ＯＫだ。やれ！」

「ありがとうございます」

「そのかわり、出たら、勝てよ」

河島の心ははずんだ。が、そのいっぽうで、不安もないではなかった。

〈えらいこと、いってしまったな〉

しかし、一度引き受けてしまった以上、やらないわけにはいかない。ＴＴレースで本田技研の名を世界に知らしめると宣言したことで、従業員はじめ、販売店までが期待に燃えているのである。

初挑戦で得た手ごたえ

昭和三十四年六月三日、いよいよマン島TTレースの決勝レースを迎えた。監督の河島喜好は、五人のドライバーたちに声をかけた。

「無理をするな」

順位を上げることよりも、完走しろ。河島は、彼らにそういいたかったのである。河島は、今回よりも、二年目、三年目で成果をあげることを考えていた。そのためには、データが欲しい。せめて一台だけでも完走してほしかった。

河島の一言で、ドライバーたちは肩の力が抜けた。それまでの膝の震えも止まった。ビル・ハントは、レース序盤で転倒し、リタイアした。エンジンは快調だった。七周目に鈴木淳三のリアのブレーキロッドのピンが折れてしまった。が、故障らしい故障はその程度で、日本人ライダーは四台とも完走した。

谷口尚巳が六位に入賞。上位入賞者のみに贈られるシルバー・レプリカトロフィを獲得した。

鈴木義一は七位、田中禎助は八位。ふたりは、ブロンズレプリカ・トロフィーを獲得した。なお、鈴木淳三は、十一位であった。さらに、チーム三人が、初挑戦ながら、上位で完走したことから、チームは、メーカーチーム賞、いわゆる団体優勝を獲得した。

しかし、六位の谷口のタイムは、一時間三十四分八秒。このレースに優勝したイタリアのMVアグスタのプロビーニの記録に遅れること六分四十三秒であった。平均周回速度にして、時速十キロメートル近く下回り、MVアグスタや、MZなど世界の一線級エンジンには一歩およばなかった。

六月三日深夜十二時過ぎ、本田は、「モーターサイクリスト」誌記者のインタビューに声をはずませて答えた。

「マン島TTレースは、モーターサイクルのオリンピックなんだ。それも知恵のオリンピックなんだ。その知恵のオリンピックに勝ったことは、すなわち、われわれは、知恵において決して劣っていなかったことになる。それが、うれしかったね」

宿願のマン島TTレース完全優勝

昭和三十六年六月に、宿願のマン島TTレースで、一二五cc、二五〇ccクラスで、ついに完全優勝をはたした。現地の新聞には、おどろきの論評が載せられた。

「日本の小さなオートバイメーカーであるホンダは独創的なエンジンを創ってきた。中身は独自の工夫に満ち、時計のように精巧であり、その点では、われわれのマシンをはるかに凌駕している」

マン島での初優勝の知らせがもたらされた日の朝、本田技研の研究所は、だれもが朗報におおよろこびしていた。

本田は、エンジン設計を担当した久米是志の顔を見つけると、近づいた。浮かれた感じは少しもしない真剣な表情で、久米に声をかけてきた。

「おい、久米よ、このよろこび、忘れちゃいかんぞ」

久米は、その一言で、すっと胸のつかえが下りた気がした。河島喜好らは、マン島レースから凱旋して、羽田空港に着いた。そのときに出迎えたのは、本田、藤沢、そして、スタッフたちの家族だけであった。新聞記者は、ひとりもいなかった。二輪のレースは、ヨーロッパではサッカーに次ぐ人気を誇る。しかし、そのころの日本ではあまり注目をされていなかったのである。

本田は、顔を皺くちゃにして涙を流した。よろこびをあらわにしていた。

マン島ＴＴレースに勝ったことは、のちに大きな意味をもってくる。昭和三十六年に優勝して、ヨーロッパ勢の度肝を抜かなければ、のちの本田技研工業はなかったといって過言ではない。ヨーロッパ、アメリカに進出することはできなかったにちがいないと二代目社長の河島は思っている。

本田宗一郎◆勝利の方程式

本田宗一郎は、常々口にしていた。

「おれという人間は、夢を食って生きているんだな」

その本田は夢見ていた。

「マン島のTTレースに参加して優秀な成績をおさめないかぎり、世界のオートバイ市場をイタリアやドイツから奪い取ることはできねぇ」

本田は、社長の夢を、みんなの目標にし、社員の気持ちも燃えさせた。

本田は、さっそくイギリスのアイリッシュ海に浮かぶマン島でおこなわれるTTレースを観戦するが、ドイツ、イタリアのオートバイに度肝を抜かれた。

〈どうしてこのようなエンジンができるのか〉

埼玉製作所に「TTレース推進本部」を設置した。レーシングマシンの研究開発を担当する「技術部第二研究所」も新設した。

本田の粘り強い戦いで、昭和三十六年六月、宿願のマン島TTレースで、ついに完全優勝を果たし、長年の夢を実現した。

この完全優勝こそ、のちの本田のヨーロッパ、アメリカ進出の成功を確かなものにしたのであった。

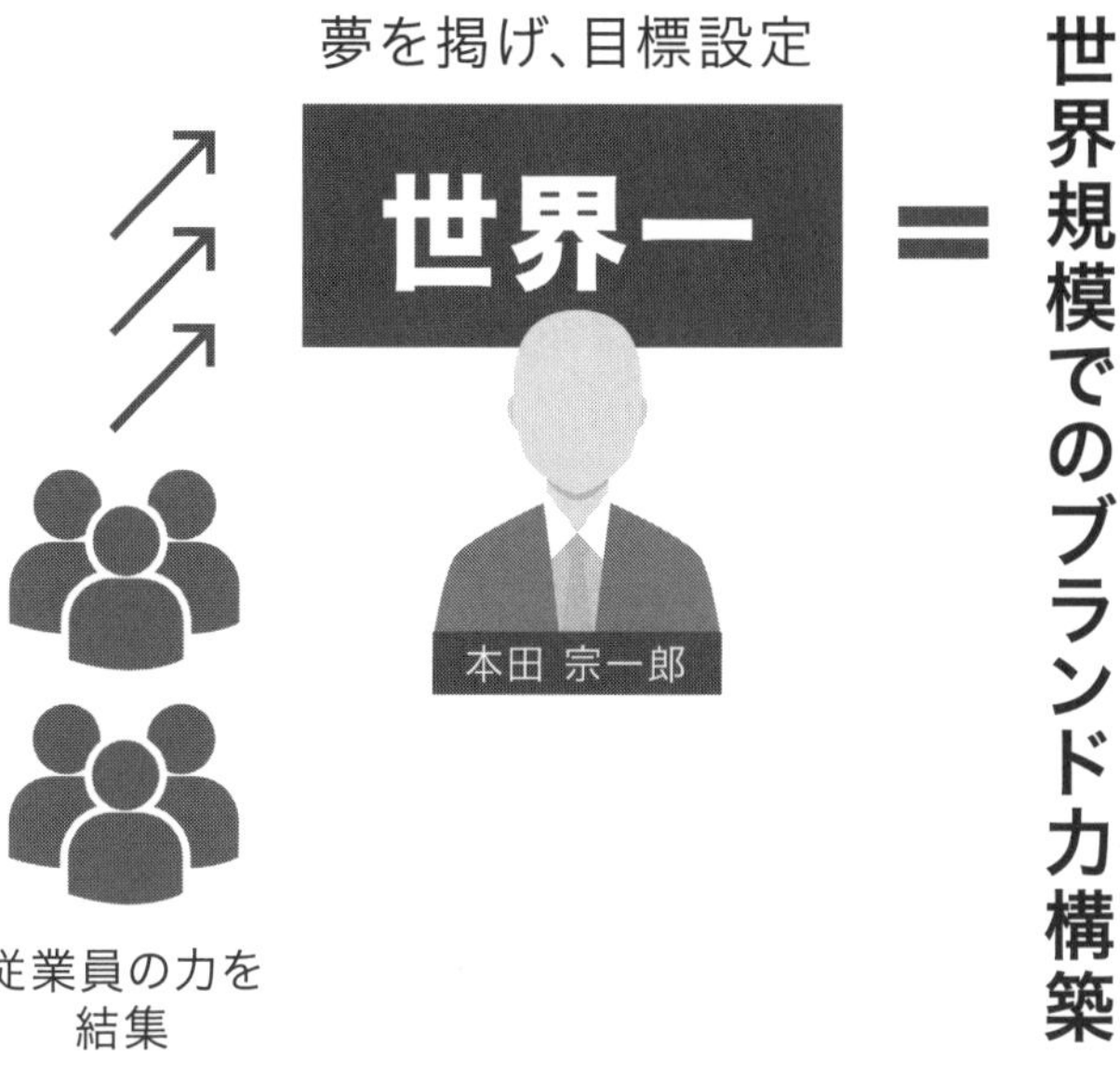
夢を掲げ、目標設定
世界一
=
世界規模でのブランド力構築
本田 宗一郎
従業員の力を結集

カリスマに学ぶ突破術⑨

既成の価値観を壊し、新たな統治システムを構築

橋下 徹

――マスコミ相手に喧嘩上等、仕掛けて勝つ

橋下 徹【年表】

・1969年（ 0歳）	東京都渋谷区で生まれる。
・1994年（25歳）	早稲田大学政治経済学部を卒業。 司法試験に合格。
・1998年（29歳）	橋下綜合法律事務所を設立。
・2003年（34歳）	日本テレビ系『行列のできる法律相談所』に レギュラー出演。
・2008年（39歳）	大阪府知事選挙で183万2857票を獲得し当選。
・2010年（41歳）	大阪維新の会代表。
・2011年（42歳）	自らが掲げる大阪都構想などの政策実現を 目的として、大阪府知事を辞職、 任期満了に伴う大阪市長選挙に立候補、当選。
・2014年（45歳）	出直し選挙を図り30万票以上の差をつけて再選。
・2015年（46歳）	大阪都構想の賛否を問う 住民投票がおこなわれる（否決）。 10月、国政政党・おおさか維新の会結党、 初代代表に就任。 12月、大阪市長の任期を満了し、 政界から引退。

橋下徹と小泉純一郎の共通点

政治家世代の分岐点となり、独特のパターンをつくったのが小泉純一郎総理大臣だ。彼の政策は郵政民営化ただひとつ。それ以外のことはすべて経済財政担当大臣や、総務大臣を務めた竹中平蔵に丸投げした。

小泉以降の世代は、政策を軸に物事を考える人間が多くなってきたという。

小泉政権で総務大臣を務め、橋下のブレーン的存在である竹中平蔵は、小泉純一郎元総理と、橋下徹元大阪市長は多くの共通点があると感じている。

まず、二人とも政策について詳しい。小泉は総理時代に「政策は竹中大臣に丸投げしている」と揶揄されていたが、それは小泉総理が知識に乏しいからではない。逆に、「政策を練るのは総理の仕事ではない。だから安易な口出しは控える」という大極的見識と割り切りをもっていたのである。

橋下も非常にロジカル（論理的）な頭脳の持ち主であり、「細かいことに自分が関わるべきではない」とも言っている。

ロジカルな思考は橋下が弁護士であることも関係しているだろう。しかし、弁護士全員がロジカルかというと、そうではない。民主党政権時代の経済産業大臣の枝野幸男しかり、仙谷由人民主党副代表もまたしかりである。

また、小泉も橋下も、相手の言わんとすることの本質をパッと正確にとらえる能力をもっている。

竹中が小泉や橋下に説明をすると、打てば響くような反応が即座に返ってくる。

さらに、二人は、ともに喧嘩上手である。そこには菅直人元総理から強く感じられた陰湿で、脅迫的な要素はなく、常にカラッと爽やかである。竹中は、その理由を「本質を踏まえているため」と分析する。

竹中はこの本質論について、小泉の総理時代を例に出し、「小泉さんは非常に変わったことをやったように見えるが、すべて憲法通りにやっただけだ」と説明する。

かつて閣僚は、派閥のボスの推薦がなければその座に就くことはできなかった。ところが時の小泉総理は、派閥の頭ごしに一本釣りで内閣を決めた。この派閥の閣僚推薦権にメスを入れた荒技も、じつは「国務大臣は、内閣総理大臣が任命権を有する」という憲法に従っただけのことであり、何ら問題視されることではなかった。

郵政解散の際、小泉総理が郵政解散に反対する島村宜伸農水大臣を罷免したのも同様である。任命権、罷免権は内閣総理大臣の専権事項である。当然、他の国務大臣には任免権はなく、また内閣総理大臣が任免権を行使する際に、閣議にかける必要もない。

無論、衆議院解散権も内閣総理大臣の専権事項である。

敵をつくるから味方もできる

こうした本質を踏まえた攻めをするから、勝負に強い。橋下も、本質論で攻めるからプレることがない。

そして小泉と橋下は、ともに短いフレーズで的確にものを言う表現力と、国民に直接訴えかけて納得させる能力がある。

小泉元総理の場合、もし国民が新聞に書いていることを全部信じていたら、小泉内閣の支持率は五％にまで落ち込んだと思われる。

ところが、たまにテレビ画面を通して小泉総理が国民に訴えかけると、メディアによるバッシングを吹っ飛ばすほどの圧倒的な説得力があった。その力が支持率五〇％を支えた。これは、記者たちと丁々発止で渡り合い、舌鋒鋭く相手をやり込めてしまう橋下にも当てはまる。

たとえ敵に攻められても、その何倍ものエネルギーで応戦する逞しさは、小泉純一郎と橋下徹の共通項である。

かつて、イラクに自衛隊を派遣した問題でバッシングを受けている小泉総理が、竹中に言ったことがある。

「竹中さん、悪名は無名に勝る」

竹中は「総理はそんなに悪名ですか」と返したが、その言葉に納得していた。

敵がいれば必ず味方がいる。敵をつくらなければ味方もいない。波風が立って初めて理解してくれる人が現れる。それが戦いの力学であり、ダイナミズムである。そのことを、小泉も橋下も理解しているのだろう。

既成の価値観をぶっ壊し、新たな統治システムを構築する底力も共通している。さらに二人は、〝本質論者であると同時に、リアリスト〟である。

橋下市長は言う。

「次の総選挙で自民党が勝っても、落選している自民党議員が復活してくるだけだ！」

小泉総理が争点を郵政民営化一本に絞ったのは、「総理になってもすべての改革はできない」と冷静に判断していたからである。ピンポイントで攻めることで、次の展開を導き出す手法である。

竹中は、これをボウリングになぞらえて「センターピン」と名づけ、橋下に説明したことがある。

「センターピンには、二つの長所がある。一つは、センターピンを狙って倒すと、左右のピンもみごとに倒れる。わかりやすく、誰からも見えるということ。もう一つは、一度センターピンを倒して状況が好転する様子を見た国民は、第二、第三のピンを期待するようになる」

以来、橋下は記者会見などで「センターピン」という言葉をよく使うようになった。

ツイッターを武器にマスコミに反論

逆に、小泉純一郎と橋下徹、二人の決定的な違いは、時代背景にある。

橋下の場合は国民への直接的な訴えかけに「ツイッター」を駆使している。ツイッターは、自分が今何をしているのか、何を考えているのかをネット上でリアルタイムに〝つぶやく〟ことができる。

小泉総理の時代、たとえば週刊誌にデタラメな記事を書かれてしまうと、対抗手段がないためお手上げ状態であった。

竹中も、「竹中平蔵はユダヤ資本の手先だ」などと書かれたことがある。国民はたとえそれを信じなくとも、マスコミが連日同じような報道をしていれば、やがて「あいつは金に汚い」といったイメージが定着してしまう。が、悪意に満ちた嘘八百を並べ立てられても、じっと耐えて風がやむのを待つしかなかった。

橋下は、そこを変えた。ツイッターは、小泉が総理大臣を退任する直前に開始されたので、小泉政権時代にこのサービスは利用できなかった。いまや、ツイッターという武器がある。

橋下は、週刊誌に攻撃されてもツイッターを大いに駆使し、即座に反撃に出たのである。

また、たとえば北海道大学教授の山口二郎は、橋下の政治手法をファシズムと断じる「橋下主義（ハシズム）」として橋下批判を繰り広げている。

それを橋下は、ツイッターで名指しで反撃した。

「中島、山口、浜とかいう税金で養われている連中は、デメリットだけを捉えて批判だけ。そして結局現状維持。何もしない。役立たず」

ちなみに、中島岳志、山口二郎は、北海道大学教授、浜矩子は、同志社大学の教授である。

また、某新聞が橋下批判を展開すると、橋下は「この記事を書いた記者は、わたしの記者会見に来ていない。なぜ来ないんだ。わたしは、全部その記者会見で話している。この新聞社は取材しないで書く新聞社だ」と痛烈に批判する。

橋下批判をする漫画家の小林よしのりに対しては、次のように反撃した。

「あーでもない、こーでもないと言ってりゃ済む空想・思想の世界と違って、現実の厳しい政治・行政を教えてやる。市役所の記者会見に来い！」

世の常として、メディアや評論家など、批判ばかりしている人たちは、自分が批判される立場になると弱さを露呈する。自らは汗をかかず、現場も知らず、いつも上から目線で偉そうにしているマスコミや学者たちが、橋下に完膚なきまで論破される。その様子があまりにも痛快でおもしろいため、橋下のツイッターは九十万人以上がフォローしている人気ぶりである。

統治機構を根本的に変えない限り日本は良くならない

竹中は思った。

〈橋下さんがやっていることは、「日本版ジャスミン革命」だ〉

ジャスミン革命は、二〇一〇年（平成二十二年）から二〇一一年（平成二十三年）にかけてチュニジアで起こった民主化運動である。一青年の焼身自殺事件に端を発する反政府デモが国内全土、さらにはエジプトなど他のアラブ諸国へも広がって政治改革を引き起こし、「アラブの春」と呼ばれた。

この一連の動きでは情報共有のため、「フェイスブック」などを通じたインターネットによる情報発信が力を発揮したほか、「ツイッター」や動画共有サービス「ユーチューブ」、匿名で政府、企業、宗教などに関する機密情報を公開する「ウィキリークス」といったネットメディアも重要な役割を果たした。

小泉総理の時代は、評論家やメディアなどに一方的に叩かれても、打つ手がなかった。ところが橋下は、ソーシャルメディア（SNS）を使って即座に応戦し、それが多くの国民の目に瞬時に触れる。橋下のツイッターを読んだ国民たちも、自分の意見を橋下本人と不特定多数の人々に向けて発信することができる。この時代背景の差が、小泉と橋下の大きな違いだと言えるという。

竹中は、橋下と話をしていて思った。

〈橋下さんは、小泉さんをすごく尊敬しているのだな〉

小泉元総理は、常に政治家としての本質から外れることなく、やるべきことをやってきた。橋下は、その姿勢を評価したのではないか。

竹中が、小泉の本質主義をもっとも強く感じたのは、小泉が民主党のテレビCMの感想を言ったときのことだった。

政権交代前の平成十八年に放送されたCMに登場するのは、当時民主党代表だった小沢一郎、代表代行の菅直人、幹事長の鳩山由紀夫の三人組である。

「国民の暮らしは、嵐の真っただ中」のナレーションの中、三人が大海原で船を操るシーンから始まる。すると突風が吹きつけ、舵を取っていた小沢が甲板に叩きつけられる大ピンチに陥る。万事休すかと思いきや、鳩山と菅が小沢を救出すると、嵐もやみ、青空がのぞくという内容である。

このCMを見た自民党議員らは、口々に「船長はかじを離しちゃいけない。なんとも頼りないリーダーだ」と批判していた。が、総理を退任したばかりの小泉は、まったく違う感想を言った。

「政治家は、演技をしてはいけないな」

竹中は感心した。

〈これ以上、本質を鋭く突いた言葉はないだろう……〉

普通の議員たちの平凡な見解とは違い、小泉はもっと深い、根源的な政治の本質を見ていた。

橋下が言った。

「とにかく、統治機構を根本的に変えない限り、日本は良くならない」

竹中は思った。

〈まったくその通りだ。橋下さんは、「自民党をぶっ壊す」と言った小泉さんと、非常に通じているところがある〉

朝日新聞との戦い

新党「日本維新の会」代表の橋下徹大阪市長は、平成二十四年十月十七日、大阪市役所で記者団に対し、朝日新聞グループの朝日新聞出版が発行する「週刊朝日」10月26日号で始まった、ノンフィクション作家佐野眞一の執筆による連載「ハシシタ・奴の本性」について、批判した。

記事は、「橋下の政治手法を検証するつもりはない。（中略）私が解明したいと思っているのは、橋下徹という人間そのものである」としたうえで、「そのためには橋下徹の両親や、橋下家のルーツについて、できるだけ詳しく調べあげなければならない」とし、橋下の実父の出身地を記載するなど、橋下の系譜をたどることに焦点を当てている。

橋下市長の怒りは、すさまじかった。

「血脈主義、身分制に通じる極めて恐ろしい考え方だ。言論の自由は最大限保障されるべきものだが、実の父親や先祖を徹底的に暴き出すのは（報道の）一線を越えている」

また、橋下市長は、「朝日新聞社からきちんと考え方をお聞きするまでは質問には答えたくない」と述べ、当面、朝日新聞と系列の朝日放送の取材に応じない考えを示した。

朝日新聞出版は十月十八日、連載第一回について、河畠大四・週刊朝日編集長名で、謝罪コメントを発表した。

「同和地区を特定するような表現など、不適切な記述が複数ありました。橋下市長をはじめ、多くのみなさまにご不快な思いをさせ、ご迷惑をおかけしたことを深くおわびします」

橋下市長は、十月十八日の記者会見で　朝日新聞に連載に対する見解表明を求めた。

「朝日新聞は無関係とは言えないし、こんなことを許したら、子会社を作っていくらでもやりたい放題できる」

橋下市長は、十月二十二日、大阪市内で記者団に、語った。

「次の記者会見に出てくるかどうかだ」

同誌編集部側に会見の場での説明を求めた。

「週刊朝日」11月2日号は、河畠大四編集長名で、見開き2ページでおわびを掲載した。10月26日号記事に対し、電話やメールなどで「差別を助長するのか」といった批判が相次いだとしたうえで、謝罪した。

「同和地区を特定するなど極めて不適切な記述を複数掲載してしまいました。タイトルも適切ではありませんでした」などとして連載打ち切りを表明した。

「週刊朝日」の連載記事をめぐる問題で、発行元の朝日新聞出版は十一月十二日、臨時取締役会を開いた。神徳英雄社長の引責辞任のほか、河畠大四・週刊朝日前編集長と担当デスクを停職3か月と、降格、雑誌部門の責任者・雑誌統括を停職二十日間とする計三人の懲戒処分を決めた。

新たに就任した篠崎充社長代行が、十一月十二日、市役所を訪れ、橋下市長に「会社全体で人権意識が欠如していた」と謝罪。親会社の朝日新聞社の第三者機関「報道と人権委員会」（元最高裁判事ら三人で構成）による連載記事の審理結果を報告した。

審理結果の報告を受けた橋下市長は「納得できた」として対応に理解を示した。

橋下市長は、朝日新聞社の謝罪を受け入れて、今後は問題としない方針であったが、週刊朝日が平成二十五年四月二日に発売した四月十二日号において「賞味期限切れで焦る橋下市長」などの見出しとともに、橋下市長のニュース番組での露出が減り、バラエティー番組出演が増えているという内容の記事が掲載された。

橋下市長は、その記事に対し、ツイッターで怒りを表明した。出自を扱った連載に関して法的手続きを講じる方針を表明した。

平成二十七年二月十八日、大阪地裁における損害賠償請求訴訟で原告（橋下徹）と被告（朝日新聞出版・佐野眞一）の間に和解が成立した。

被告が橋下に和解金を支払い、謝罪文を交付する内容だが、和解金の額は公表されていない。橋下の請求額は五千万円であった。

橋下 徹◆勝利の方程式

橋下徹は「維新の会」の結党大会でも吠えた。

「どの新聞もテレビも、有識者もコメンテーターもバカばっかり」

橋下は、相手に喧嘩をふっかける時、激しい感情をあらわにする。が、感情にまかせただけの戦いなら、負ける。橋下は、なによりロジカルである。ロジカルの上に、相手の言わんとすることの本質をパッと正確に捉えてしまう。しかも、相手の弱点も寸時に掴んでしまう。彼がロジカルであることは、弁護士であったことが大きい。

さらに、常にカラッと爽やかである。もし陰湿でジメジメしながら相手の弱点に指を突っ込む雰囲気なら、これほどの人気、カリスマ性はなかったであろう。

橋下は、短いフレーズで的確にものを言う。

橋下は、「ツイッター」も実に巧妙に駆使している。週刊誌に攻撃されると、即座に反撃に出る。

自らは汗もかかず、現場も知らずいつも上から目線で偉そうにしているマスコミや学者たちを、完膚なきまで論破する。それが痛快で面白いため、橋下のツイッターは、九十万人以上がフォローしている。

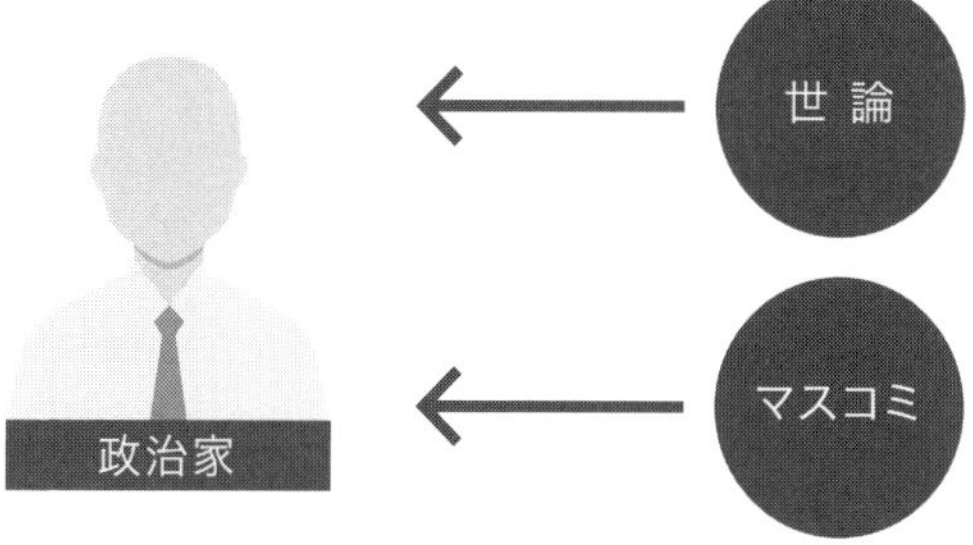

反論できない政治家

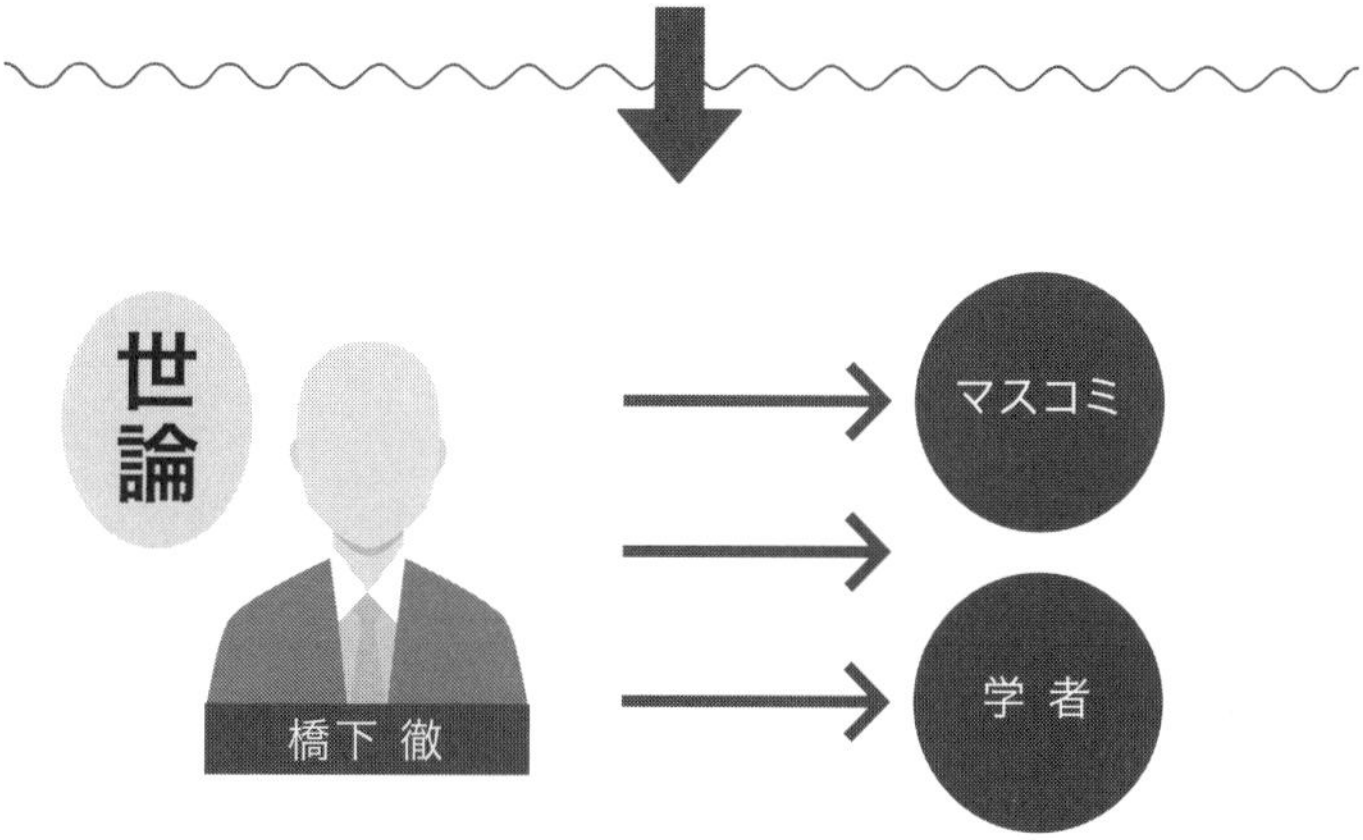

反論・先制攻撃で常に自分の意見を全開で展開。
世論を味方につける。

カリスマに学ぶ突破術⑩

権謀術数の限りを尽くす

渡邉恒雄

――ライバルをことごとく潰してトップに上り詰める

渡邉 恒雄【年表】

・1926 年(0 歳)	現在の東京都杉並区に生まれる。
・1945 年(19 歳)	東京帝国大学文学部に入学。 砲兵連隊に入営するも、終戦の 2 日前に除隊。
・1947 年(21 歳)	1947 年頃、共産党の正規の党員になるも、 除名される。
・1949 年(23 歳)	東京大学を卒業して東京大学大学院に入学する。
・1950 年(24 歳)	読売新聞に入社。
・1952 年(26 歳)	大野伴睦の番記者になる。
・1956 年(30 歳)	中曽根康弘と知り合う。
・1958 年(32 歳)	児玉誉士夫と知り合う。初の著作『派閥』を上梓。
・1960 年(34 歳)	全学連デモにおける樺美智子の死亡に対する 内閣声明を執筆。
・1968 年(42 歳)	ワシントン支局長。
・1972 年(46 歳)	編集局参与。
・1975 年(49 歳)	政治部長兼局次長。
・1977 年(51 歳)	編集局総務 (局長待遇)。
・1979 年(53 歳)	取締役論説委員長。
・1987 年(61 歳)	筆頭副社長。
・1991 年(65 歳)	読売新聞社長に就任。日本相撲協会の諮問機関 横綱審議委員会委員に就任。
・1996 年(70 歳)	読売ジャイアンツのオーナーに就任。
・1999 年(73 歳)	日本新聞協会会長。「中央公論社」の営業権を 買収し中央公論新社を設立。
・2016 年(90 歳)	読売新聞グループ本社会長を退き、 読売新聞グループ本社代表取締役主筆 となる。

政治部記者としては失格

読売新聞の政治記者として渡邉恒雄の先輩であった磯部忠男は、渡邉は典型的な派閥記者だったという。

「彼の意見は、完全に彼が番記者として担当していた大野派の意見でしたからね。政局を見る眼も、新聞記者の眼じゃなく、派閥の眼で歪んでます。派閥の思惑で政局を見る。どうしても歪んで見えるわけです。そういう点で、政治記者としては、わたしは彼は落第だと思いますね。けっして有能な記者だったとは思えません。現場を離れて論説委員長になった後のほうが、彼の才能がよく生かされていると思いますね」

番記者というのは、担当の代議士と親しくならないと取材ができない。しかし、親しくなりすぎると、記者としては逸脱することになる。そのバランスがむずかしい。渡邉は、そういうバランスがどうのこうのという次元ではなかった。立派というか、みごとなくらい逸脱していたという。

その逸脱の例として、磯部は、昭和三九年（一九六四年）、池田勇人が三選に立候補したときのことをあげる。

池田の対抗馬は、佐藤栄作と藤山愛一郎。この二人のあいだには、第一回の投票で決まらなかった場合は、得票が多かったほうを立てて、決選投票にのぞむという約束があった。この二人がトップになるということは、まずありえない。いわゆる二、三位連合の約束であった。

当時の情勢は、池田支持が大野派、河野派、石井派、三木派。佐藤支持は福田派であった。一般的な見方では、五〇票以上の差で池田が勝つと見られていた。しかし、磯部は予想外の接戦になるだろうと見ていた。

実際、三木、石井派には合わせて二〇人くらいの忍者といわれる佐藤支持派がいた。また、大野派にも、七人くらい忍者になる可能性の人間がいた。大野派の倉石忠雄は、「もう池田ではだめだ。佐藤に切り替えなくては……」といい、ほかの六人と暗黙のうちに佐藤支持に動いていた。

その直前の昭和三九年五月二九日に死んだ大野伴睦の遺言が「池田支持」ということで、大野派はその線で動いていた。大野派というのは、大変に義理人情を重んじる派閥であった。そういうなかでは、倉石など表だって佐藤支持には動けなかったわけである。

当時政党キャップであった磯部は、入ってくる情報を分析し、〝伯仲〟の予想の紙面をつくった。他紙は大差で池田勝利の予想であった。〝伯仲〟の見方は、読売の中でも少数派であった。磯部は、二〇票以上の差がもし開いたら、辞表を出す覚悟であった。

その紙面に、河野番の記者と、大野番の渡邉恒雄が憤然と抗議してきた。

渡邉は、「こんな紙面をつくられちゃ、仕事ができない！」と食ってかかった。

「最低五〇票の差は開く――」

磯部には、渡邉が紙面に抗議をしてきたのは、池田支持の大野派のなかで都合が悪いということにちがいないと思った。

さて、池田と佐藤の争いは、九票差で池田の勝利に終わった。結局、磯部の〝伯仲〟予想が当たり、渡邉の〝大差〟予想が外れた。

磯部は、渡邉が、あまりに派閥の思惑で情勢を見すぎた結果と思った。

渡邉の動きは、ことごとく大野派のための動きとまわりには映っていた。

渡邉は『回顧録』でこんなふうに語っている。

「僕は、新聞記者というものは権力の内部に入り政治権力がいかなるもので、どういうふうに動くのかを知らなければならないと思うんだ。中に入らなければ、事実は書けない。外から見ていても書けるものじゃないんだ」

社内の派閥づくりに奔走する

渡邉恒雄は、社会部だけでなく、政治部内の反渡邉派からも睨まれていた。昭和四十三年の政治部長当時の政治部内では、渡邉派と反渡邉派による派閥争いが絶えなかった。政治部内の派閥抗争に神経を遣っていたため、その足の引っぱり合いを社会部に悪用されては…と必死だったわけである。

当時を知る読売新聞の政治記者が語る。

「四〇人足らずの政治部のなかが、何派、何派と分かれている。政変のときなど、真夜中に大喧嘩。怒鳴り合う声、湯呑みの割れる音が響く。自民党の派閥間の抗争が、そっくり持ち込まれるわけです。政権が替わると、政治部の人事もそっくり変わる。彼らにとっては死活問題なわけです。ナベツネは、なかでも渡邉派づくりに異常なほどの情熱を燃やしていました。政治部長のことも、次長であるナベツネが『おれの派から出してるんだ』とうそぶいていましたからね」

渡邉は、自宅である千代田区五番町一番地六の「五番町マンション」2A号室に部下を集め、「土曜会」という会を主催していた。親しい政治部の後輩たちに声をかけて、毎週土曜日に英語の勉強会を開くのだ。渡邉の雇った外国人講師のレッスンが終わると、妻の篤子がつくったおにぎりやサンドイッチを食べながら、酒を飲むこともあった。この集まりが派閥と見なされて、社内で問題視されていた。

当時政治部キャップであった磯部忠男が、政治部の若手記者を呼ぶと、Aもいない、Bもいないなどということがよくあった。

「みんな、どこへ姿を消したんだ！」

調べてみると、英語の勉強会ということで渡邉のマンションに呼ばれて集まっていたという。

反渡邉派の一掃作戦

政治部の記者が語る。

「そこで、ボスのナベツネがパイプをくゆらせ政談をぶつわけですよ。勉強会はあくまで建て前で、派閥づくりなわけです。その会に加わる人間の面倒見は、すこぶるいい。ナベツネは、意外と単純な哲学の持ち主で、その会に来たやつは味方、来ないやつは敵、と色分けしていった」

結局、そのときは、圧力をかけられた中村建五政治部長から「土曜の英語の勉強会をやめてくれ」と頼まれて、解散になったという。

政治部の記者が語る。

「渡邉は、いよいよ政治部内で全権を握れそうになるや、反渡邉派の追い出しにかかった。自分で人事の図面を書いて、自分の息のかかった政治部長を使い邪魔者を追い出したわけです」

渡邉は、中村政治部長と相談し、人事異動をおこない、磯部忠男を中心とする反渡邉派を政治部内から一掃することに成功した。

本当は、反渡邉派というより、渡邉の独断が目立つのでなんとかしなくては……という批判派が、派閥というより、ゆるやかな連合体を結成していたにすぎない、といわれる。

渡邉の追い出し作戦により、磯部は新聞監査委員会という姥捨て山的な部署に飛ばされた。ほかにも二人、現場から閑職に飛ばされた。

氏家齊一郎を追い落とす

渡邉は、『私の履歴書』で、左翼系の東大新人会時代からの仲間であり、ライバルでもあった氏家齊一郎と務台光雄社長の軋礫について書いている。

「務台さんは何度も倒れ、そのたびに不死鳥のように甦った。病床にあっても常に経営と人事のことが頭から離れない。昭和五十三年に倒れたときもそうだった。病名は解離性胸部大動脈瘤。私も含めて、だれもが今度ばかりは駄目だろうと思っていた。当時取締役で『いずれは社長か』と一部でささやかれていた氏家君が、ある役員に何気なく、『権力は大手町(読売)から麹町(日本テレビ)に移る』と言ったらしい。務台さんに万一のことがあれば、日テレ社長の小林與三次さんが読売の社長になって戻ってくるという意味で、ごく普通の感想だった。私もそう思っていた。

このときも務台さんは奇跡的に回復し、元気に出社するようになる。そんな務台さんに、件の役員が氏家君の言葉を上申書に認めて届けた。氏家君の出世を邪魔しようということだろうが、男の妬みというのもすさまじい。こうして務台さんの胸に氏家君への不信の種がまかれた」

昭和五七年（一九八二年）四月二〇日、『週刊現代』が「情報帝国『読売』の超力と野望」と題した連載記事を掲載した。この記事が、会長である務台光雄の逆鱗に触れた。

巨人軍の激励会で小林のスピーチは熱心に聴く選手たちが、務台の一時間におよぶ長広舌になると私語をはじめる、という内容だった。務台が緊急でひらいた役員会では、その記事に抗議し、記事を訂正させることが決まった。交渉役となったのが、広告局長であった氏家齊一郎であった。

版元の講談社とはすんなり話がついた。務台の言い分にも配慮するということでおさまった。というよりも、おさまりかけた。そこに、氏家とともに講談社に出向いた務台の秘書が、「なんでこんな記事を書いたのか」と『週刊現代』編集長を追及したのである。蒸し返すことはない。氏家が引き止めて、講談社を後にした。

ところが、氏家は、同年六月に、いきなり日本テレビ副社長への出向を言い渡されたのである。広告獲得では、朝日新聞を追い抜くほどの実績をあげていた。とても考えられない突如の異動である。それはつまり読売新聞社社長レースからの脱落をも意味していた。

務台は、挨拶に出向いた氏家にいったという。

「日本テレビの経営はなかなかむずかしいからね。きみならできると思ったんだよ」

じつは、務台が氏家の異動を決めたのは、あの秘書の一言だったという。

秘書は、氏家と講談社に出向いたとき、「自分が抗議をしようとしたら、氏家が止めた」と告げたのだった。それが務台の怒りに火を点けた。

それからというもの、販売店主との懇親会では「読売を撹乱しようと、悪質な策謀をめぐらす獅子身中の虫がいる」と発言したり、役員会では、氏家を名指しで非難した。いつの間にか、『週刊現代』の記事を書かせたのが、氏家ということになっていた。

一方で、読売新聞社内では、氏家のことを務台に告げ口したのは、じつは、ライバル関係にもある渡邉だという噂もまことしやかに流れた。

氏家はついに日本テレビの社長になれず、昭和六一年（一九八六年）六月退社。

一方、渡邉は昭和六〇年には専務取締役主筆、六二年（一九八七年）六月、筆頭副社長となった。

リクルート事件も社内政争の具に

リクルート事件では、多くの人間が逮捕され、有罪になった。そのなかには、マスコミ幹部にもコスモス株を譲渡された者がいた。

その一人に読売副社長だった丸山巌がいた。丸山は、務台の親戚でもあり、次期社長と見られていたが、この事件の責任を取り、昭和六三年一一月二八日に辞任に追い込まれている。読売社内では、渡邉恒雄のライバルといわれた男だっただけに、いろいろな噂話が飛び交った。

一説には、丸山が小林與三次と一緒になり務台会長外しのクーデターをくわだて、丸山が「爺さん（務台）に（名誉）会長に上がってもらうしかないだろ」と渡邉に話したことが務台に知られたともいわれている。

また、リクルート株を売却していないと自社編集局を無視して記者会見をおこなったことから、編集局が猛然と反発、丸山非難が集まったことで、務台も窮地におちいり、馬護を断ったとされる。

丸山は販売店のボスたちに「社長就任」の希望を伝えられると、世辞に困惑しながら苦笑していた。本人は、読売コンツェルンを指揮できる器量はないと自覚していたが、販売店の無責任なひいきの声が、クーデター説に利用されたという見方もある。

一方、丸山は、獅子身中の虫となり、渡邉恒雄の追及の流れに呑み込まれたともいわれている。

ともあれ、務台は丸山を斬り捨てたのである。

渡邉は、『私の履歴書』で、「M」のイニシャルながら、丸山について触れている。

「氏家君が読売を去って五年が過ぎたころ務台さんはまた入院したが、やはり経営のことばかり考えていたようだ。九十歳を過ぎていた務台さんは老いた声ながらはっきりとベッドから秘書に指示した。

『役員の在席ランプの序列を替えろ』

そう言って先任副社長と、その年（昭和六十二年）に副社長に昇任したばかりの私のランプとを入れ替えさせた。先任副社長とは『江川問題で部数が減ったのは渡邉のせいだ』と言いがかりをつけてきた販売担当のMさんだった。

突然の逆転に危機感を抱いたらしいMさんは、読売新聞の有力販売店主十人に連名の上申書を書かせた。そして三人の販売店主が務台さんの入院先だった聖路加病院にやってきて、秘密にしていた病室を探り当てた末に病床の務台さんに上申書を突きつけた。退院した務台さんから見せられた上申書には『次期社長には渡邉ではなくMさんを』と書かれていた」

渡邉によると、昭和五四年は江川事件が社内で尾を引き、販売局から「部数が三〇万部減った」といわれた。さらに、「この責任は渡邉と氏家にある」と非難された。なぜ事後処理に汗をかいた自分たちが非難されるのか理解に苦しんだが、つまりは、丸山が渡邉氏家に敵意を持っていて渡邉と氏家を潰そうとしたのだという。

しかし、公認のABC認定の部数データを見ても部数はまったく落ちていない。言いがかりにすぎなかった。

さらには、販売店の幹部クラス一〇人ぐらいが連判状を提出し、三人の代表が務台の入院している病院に押しかけ、「渡邉を追放せよ」と迫ったという。

「あいつはかつて児玉誉士夫と関係があった。こんな者を将来読売の社長にすることはできない」と書いてあった。

退院した務台はすぐ渡邉を呼んで、その連判状を見せてくれた。「こういうことがあった」と全部説明してくれたという。

『私の履歴書』には、次のように書かれている。

「Mさんは務台さんの親戚で、戦後すぐ務台さんに拾われて大阪本社で働くようになった。やがて東京本社に移り、販売畑を率いて副社長にまでのし上がってきた人だ。序列の上では私より社長の座に近かったのだが、務台さんの一言で私と地位が逆転した。

それがよほど不満だったのだろう。Mさんは意外なことを私の耳元でささやいた。

『務台さんの解任動議を出して追放し、小林体制を確立しよう』

務台さんを追い出してMさん、編集主幹の水上健也さん、それに私の三人で小林さんを担ぎ、社の実権を握ろうというクーデター計画。恐ろしい裏切りだった。私は返事をせず、すぐに小林さんのところに行った。

『Mさんからどんな話があっても聞いては駄目です。務台さんと力で争ってはいけません』

水上さんにも同じことを言ったが、務台さんの耳には入れなかった。もし私の口からこの計画の話をしたら、私の方がMさんを闇討ちしたと言われるだろう。しかしいろいろな問題があって、務台さんのMさん不信は増幅されていた。

六十三年六月、リクルートコスモスの未公開株を巡るリクルート事件が発覚した。未上場企業であるリクルートコスモスの株が購入代金の融資付きでばらまかれた。将来上場すれば値上がり確実という、実にうまい話だった。

政治家が請託を受けて株を譲渡されていれば贈収賄になるかもしれないが、民間人の場合はどこまで問題なのか微妙な事件だった。それでもマスコミの追及は民間人にも及び、財界人や新聞経営者の辞任、謹慎が相次いだ。そんな中で、

『読売新聞の副社長も未公開株をもらった』

という情報が流れ、ある週刊誌が私を名指しで記事にした。私はすぐに名誉殿損訴訟を起こし百五十万円の損害賠償と謝罪文を勝ち取った。なぜなら株を受け取ったのは私ではなく、もう一人の副社長、つまりMさんだったことが判明したからだ。

ほどなく務台さん、小林さん、水上さん、私の四人が密かに集まった席で水上さんが発言した。

『Mさんを辞めさせるべきだ』

反対する者はいない。十一月の役員会で水上さんがMさんの解任決議案を提出し承認された。Mさんは席を立ち、そのまま新聞界から姿を消した」

私は、丸山とは長い付き合いだが、温和な人で、このクーデター説が、いまだにとうてい信じられない。

渡邉 恒雄◆勝利の方程式

渡邉恒雄が、政治記者としてのし上がるきっかけは、党人派の領袖大野伴睦の懐刀的存在になったことである。渡邉は、彼にことごとく敵対する政治部仲間と戦い追放。政治部で力を持つ渡邉に敵対した社会部とも徹底的に戦い、勝利をおさめる。

渡邉は、読売新聞のドン務台光雄にもかわいがられ、やがて社長を狙うようになる。かって東大の共産党細胞の盟友でもあり、読売新聞ではライバルであった経済部のスター記者氏家齊一郎の追放にかかる。氏家は、務台の逆鱗に触れる。その内容を務台に告げ口をしたのは、じつは渡邉といわれている。

次に社長候補であったのは、務台の親戚の丸山巌副社長。渡邉は、丸山がひそかに打ち明けたことを務台に知らせた。

「爺さん（務台）に（名誉）会長に上がってもらうしかないだろう」

さらに丸山はリクルート未公開株の所有も発覚し、社を去る。丸山はのちに語っている。

「すべてナベさん（渡邉）の書いた筋書きだったんだよ」

渡邉は、ライバルを悉く葬った後、ついに社長の座を掴んだ。

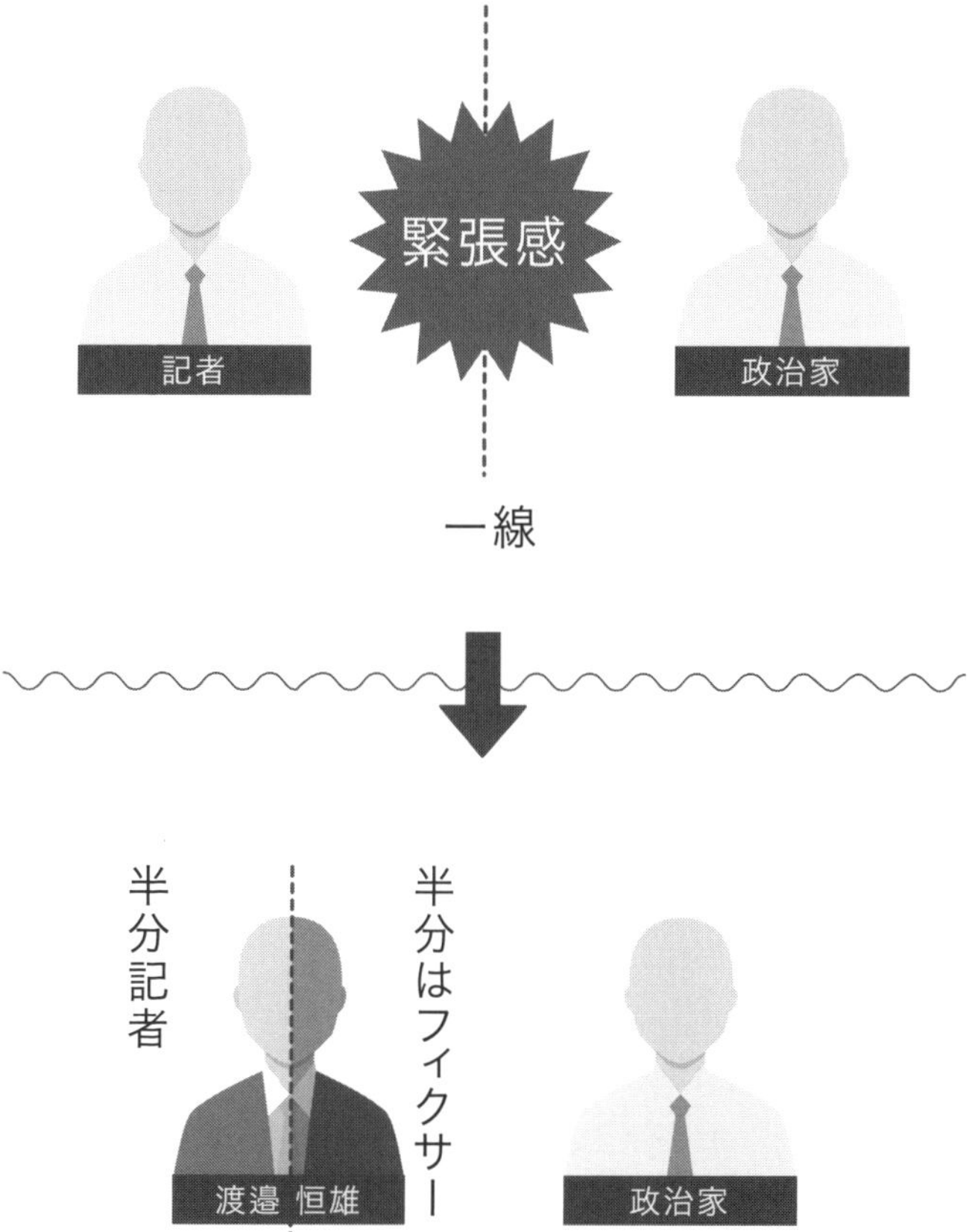
緊張感
記者
政治家
一線
半分記者
半分はフィクサー
渡邉 恒雄
政治家

カリスマに学ぶ突破術⑪

目的のために手段を選ばない稀代の乗っ取り屋

小佐野賢治

――帝国ホテル会長への執念と松尾嘉代との因縁

小佐野 賢治【年表】

- 1917年（ 0歳） 山梨県東山梨郡山村（現在の甲州市勝沼町山地区）の農家に生まれる。
- 1931年（15歳） 東雲尋常小学校高等科を卒業。
- 1933年（17歳） 上京し、自動車部品販売店へ就職。
- 1938年（22歳） 陸軍に入隊し中国で服務。
- 1941年（25歳） 京・芝区に自動車部品会社「第一商会」を設立。
- 1946年（29歳） ホテル事業に進出。
- 1946年（30歳） バス事業に進出。
- 1947年（31歳） 社名を「国際興業」とする。
- 1948年（32歳） ガソリンの不正使用の疑いでGHQに逮捕される。
- 1950年（34歳） 長岡鉄道バス部門拡充への協力を機に、田中角栄との親交を深める。
- 1976年（60歳） ロッキード事件で国会証言。
- 1985年（69歳） 帝国ホテル会長に就任。
- 1986年（70歳） 死去。

「インペリアル・ホテル」会長という勲章

国際興業グループ創始者の小佐野賢治は、念願であった「帝国ホテル」会長の椅子を狙うための布石を、着々と打っていった。

小佐野が、妻に華族である塚田伯爵家の娘の塚田英子を狙ったように、「帝国ホテル」会長の座は、ホテル王を狙う小佐野にとって最大の勲章であった。

外国でバス会社の社長と名乗っても、信用度は高くない。が、ホテルの社長や会長と名乗ると、信用度がはるかに高い。いわゆるソシアルなブランドとして、あらゆる業種の経営者よりもぬきん出た存在として一目置かれる。

小佐野は、海外でもハワイの「プリンセス・カイウラニ」など四つのホテルを所有していた。が、どうしても「帝国ホテル」会長の名がほしかった。海外では、皇帝の名を冠した「インペリアル・ホテル」というひびきに対する尊敬の念は、ひときわちがっていた。

小佐野は帝国ホテルの株を買い漁り、株数にものをいわせ、昭和四十九年以後は、非常勤取締役に就任していた。

昭和五十二年九月末までには、国際興業、個人名義合わせて全株三千万株中約六パーセントの約百八十万株を有する四番目の大株主にまでのし上がっていた。

これに対し、帝国ホテル側は、第一勧業銀行が八・一パーセント、日本冷蔵が八・二パーセントなど大株主会社と力を合わせ、けんめいに防戦につとめてきた。

小佐野は、目的のためには手段を選ばなかった。

なんと、女優の松尾嘉代まで使って金井寛人会長の二百五十万株をそっくり手に入れた。五十三年九月までに、五百五十万株、全体の一八パーセントを掌中におさめ、筆頭株主に躍り出る。

帝国ホテルにくわしい総会屋が打ち明ける。

「信じられないかもしれないが、金井さんと松尾嘉代とは男女関係こそないが、愛人関係と周囲にとられてもおかしくない奇妙な関係にあった。しかし、あくまで松尾は、韓国人実業家、安王錫さんの妻だった。その彼女と深くつき合うことは、けっして明るみに出せることじゃない。そこで、児玉誉士夫系の右翼がスキャンダルとして金井さんを脅した。そして最終的に、金井さんがそれまで絶対に手放さなかった株を、慰謝料的な意味で松尾に渡すようにさせた。その株が、小佐野に流れた。あるいは、脅した右翼や小佐野がはじめから青写真を書き、松尾を送りこんだのかもしれない」

満州の〝煙草王〟金井寛人

金井寛人の人生は、小佐野に負けず劣らず波乱に満ちている。

長男の金井秀人によると、金井寛人は、明治三十二年一月、長野県上田市に生まれた。地元の小学校を終えるや出奔した。本人は上田蚕糸専門学校卒と称していたが、まったくの嘘。一時は上野で浮浪児だったこともある。

ほどなくして片倉製紙熊谷工場に、臨時工として入社。罐たきをやっていたが、重役の娘に惚れた。

彼女に別の男との結婚が決まると、強引に自分のものにして、満州（現・中国東北部）へいっしょに逃げてしまった。

現地では「青島糸廠」という会社に勤めていたが、それは名ばかり。

夜になると、毎晩ピストルを持って出かけた。妻が不審に思って聞くと、うそぶいていた。

「中国では、株式市場は夜ひらかれるものなのだ」

明け方には、金や宝石をごっそり持ち帰っていた。

近所の者たちは、彼のことを、〝馬賊〟と呼んでいた。要するに、強盗まがいのことをしていたらしい。

その金を元手に、「責島葉煙草」という会社の副社長にのし上がった。

いつのまにか〝煙草王〟とまでいわれるようになった。

さらに、昭和二十年、敗戦直後の日本の塩飢饉食糧難のときには、華北の「山東塩業」が実権を握っていた山東埠頭の塩十万トンを利用して稼いでいる。そのストックは、日本政府大蔵省の命令のもとに日本へ輸入する手はずになっていた。当時の日本には六千トンしか塩がないといわれていたから、大変な量である。

しかし、この「山東塩業」は閉鎖機関に指定されていて、活動できない。

かわって金井寛人が社長となり、「日本塩扱株式会社」をつくり、その業務を引き受けた。このとき彼が握った金は、今日の額にすれば二十四億円ぐらいにものぼるという。

戦後日本へ引き揚げてきてから、三島製紙の株を買い占めて社長の椅子にすわった。

権限を利用して、紙の横流しをおこなった。

トンネル会社をつくり、悪辣な儲けも繰り返した。なにしろ、当時紙は公定価格の百倍二百倍の値を吹っかけても飛ぶようにさばけたというから、笑いが止まらなかったろう。

ときに業務上横領や私文書偽造などで告発されたが、それもなんとか切り抜け、それまでしこたまためこんだ金で、大倉喜七郎が放出した帝国ホテル株を買い占めた。

昭和二十八年、犬丸社長は仕方なく、金井を会長の座に据えた。

五尺そこそこの短躯からは、想像もできないほどのバイタリティーの持ち主であった。

上場会社の常務になった女優

金井寛人は「帝国ホテル」の会長をしていたが、「京都ホテル」も経営していた。

金井と松尾との出会いについて、その「京都ホテル」の関係者が語る。

「京都のロータリークラブの集まりに、松尾が出たことがある。京都に東映撮影所もあるから、そこでの仕事の合間を縫って出たのかもしれない。金井社長は松尾をひと目見て、すっかり惚れこんでしまった。社長は栗原小巻とか、松尾嘉代のように丸顔で目の大きい女性が好みなんです。それに松尾は、早く死んだ何番目かの愛人に似ていた」

じつは、横須賀で仕出し弁当屋をやっている息子のいる、四号にあたる女性にそっくりだったのである。

それからまもない昭和四十九年十二月末、「京都ホテル」の個人第三位の大株主として有価証券報告書（五十六期）に、松尾嘉代の名が突然登場してくる。

筆頭株主は、六号といわれていた愛人の高橋てる子の娘和子、二位が金井寛人。三位の松尾は、十二万五千株。

しかも、金井は、筆頭株主の高橋和子を会長に据えただけでなく、松尾嘉代を常務に据えてしまった。

内情を知らない者は、「京都ホテル」の名簿を見ながら、へーえ、女優の名と同姓同名の人物がいるもんだなあ……と思ったろうが、正真正銘の女優松尾嘉代だったのである。

松尾は、「京都ホテル」だけでなく、系列の「志賀高原ホテル」の取締役にも就任した。役者としては、異例の出世である。勝新太郎や三船敏郎がプロダクションの社長になってはいても、上場会社の常務になった俳優はいない。

ただし、松尾のために弁解しておくなら、つぎのような評価があったことはたしかである。「京都ホテル」の従業員が語る。

「松尾は、『京都ホテル』にはちゃんと顔を出していて、じつによく仕事をしましたよ。これまでのどの取締役よりもしっかり仕事をしたともいえる。元来仕事の好きな女なんですわ」

小佐野は、金井寛人に迫り、「帝国ホテル」の株をごっそり手に入れることに成功した。

金井寛人の側近が語る。

「金井社長が小佐野に株を譲渡するにいたったのは、なによりも松尾がほしかったせいですが、そのほかにも、金井なりの計算があったのです。じつは、『京都ホテル』の経営がうまくいってなかったという事情もあるのです」

宿泊部分はうまくいっていたが、食事部門がうまくいかなかったという。京都へくる客は、ホテルで食事をしないで、たいていは外で精進料理などを食べる。そのため、食事部門の収入が細っていき、苦しくなっていった。

ホテルの収益は、食事部門で稼ぐものだから、ひずみがしだいに累積されていった。

「京都ホテル」は、一応は二部上場の会社だ。なんらかのてこ入れをしなければ、責任問題を追求されて社長退陣、ということになりかねない。

「帝国ホテル」は会長という名誉職にすぎないが、「京都ホテル」は、あくまで社長だ。もし退陣に追い込まれるようなことになれば、晩節を汚すことになる。そのてこ入れのための金が必要だったという。

「しかし、おいそれと金はできない。『帝国ホテル』の株を売れば金はできるが、他の取締役との約束がある。秘密に売ろうにも、大量株をごっそり手放せば、どうしても分かってしまう。

そこで小佐野に売ったんです。小佐野なら、秘密が守れる。死後、株を売り渡していたことが発覚したってかまやしない。それより男の花道を飾って死んでいく方がいい。本人も、死の近いことを知っていたんです。秘書にもそう洩らしていましたかち。それなら死の間際に惚れこんだ松尾嘉代とも楽しい時間が過ごせ、しかも男の花道を飾って死ねる。あれこれ考えた末、経済誌『財界』を出している三鬼陽之助を通して小佐野に株を譲る約束をしたのです」

株譲渡の方法は、金井から直接小佐野へ、というルートでは周りに発覚してしまう。

金井は、周りの役員に、株を無断では手放さない約束をしていた。

そこで、金井寛人名義からひとまず経済評論家の三鬼陽之助名義に書きかえられ、それから小佐野名義に切りかえていくという、手のこんだ方法がとられたのである。

帝国ホテル筆頭株主に躍り出た小佐野賢治

金井の葬儀は京都でもおこなったが、そのときは松尾嘉代が陣頭指揮をとっていたという。

さて、この葬儀の直後から、

「金井さんの株が、こともあろうに小佐野に流れたらしい」

という噂が飛び交いはじめた。

「帝国ホテル」の新館建設をめぐって責任を取らされ退陣した犬丸徹三の息子である犬丸一郎副社長と、第一勧銀側の者が、さっそくてる子未亡人のところに駆けつけた。

じつは、社葬の前に、てる子夫人に、

「ぜひ、故人の所有していた『帝国ホテル』の株を譲っていただきたい」

と頼んでいた。が、そのときは、

「葬式が終わってかちゆっくりと相談いたしましょう」

と軽くいなされていたのだ。

しかし、そこで意外なことを聞かされたのだ。すでに生前に百五十万株が小佐野に譲られていて、残りの二百五十万株も、夫の遺言により小佐野に渡るよう話はついている、というのだ。

つまりは、小佐野側は、五百四十四万五千株。資本金百四十億五千万円、総株数二千九百七十万株のうち、一八パーセント強を占め、筆頭株主に躍り出たわけである。二、三位は、日本冷蔵、第一勧銀でいずれも二百四十万株で競い、四位から十位までは朝日麦酒、サッポロビール、東邦生命、日本生命、第一生命、長期信用銀行、富国生命が、百万株から百四十万株である。

あわてふためいた犬丸副社長らは、十二月十六日、取締役会をひらき、急遽、金井会長の後任を木村鑛二郎に決定した。

木村は、七年前、本業の日本冷蔵社長の座を退いて、「帝国ホテル」の監査役の立場にあった。

取締役ではないので、正式に会長に就任できるのは翌五十三年の六月の株主総会においてだったが、小佐野に金井の株が譲渡されたことを知った経営陣は、小佐野に会長の座にすわられては……と、いち早く反小佐野の〝マジノライン〟を構築したわけである。

小佐野は、昭和五十一年春にロッキード騒ぎに巻き込まれて以後、「帝国ホテル」

の役員会には一度も出席していない。鬼のいぬ間に決めてしまおうというわけである。

新会長に就任した木村は、その席でつぎのように意欲を語った。

「第一勧銀という金融バックを持つ原(正雄)社長、世界的にも知られているホテルマンである犬丸一郎副社長以下の経営陣が、思うぞんぶん働けるような環境づくりに精出すだけです」

つまりは、第二の大株主である日本冷蔵かち送り込まれてきた自分と、第一勧銀から送り込まれた原社長と、根っからの帝国ホテルマンである犬丸副社長の三者で、〝マジノライン〟を強固に結び、小佐野の進攻を防ぎましょう、というわけなのである。

経営陣の動きに対し、小佐野は肚に据えかねたらしい。

筆頭株主を無視して事を運ぶなら、こちらにも考えがある、とばかり、五十三年六月の株主総会で、木村鑛二郎が監査役から会長になったため空席になっている監査役のポストに、浪人していた三和銀行前頭取の村野辰雄を送り込んだ。

「これで小佐野と村野との腐れ縁が、いっそうはっきりした」という声があるように、三和銀行と小佐野とはつながりが深く、なかでも村野とは特別の仲といわれていた。

小佐野は、つまり経理を徹底的に洗わせ、いざというときにそなえようとしたわけである。

念願の帝国ホテル会長に就任

小佐野は、昭和六十年の三月十六日、ついに念願の帝国ホテル会長に就任した。

木村鑛二郎が、小佐野にようやく会長の座を譲ったのである。

木村は、八十二歳と高齢になっていた。それに、小佐野が会長への執念を燃やしつづけているのを知っていた。

木村によると、気をきかせて小佐野に譲ろうと思った。原社長が仲に立ち、第一勧銀に話すと反対もしなかった。

木村は、小佐野に直接会い、告げた。

「小佐野さん、会長を譲ります」

小佐野の感激たるや、大変なものであったという。

「本当か、本当か……」

何度も信じられないように念を押した。それから木村と握手をして、くりかえした。

「ありがとう、ありがとう…」

木村は、思った。

「やはり、人間ここまでくると、今度は地位をほしがるんだなあ。日航には、政府の金が入っている。会長のポストを狙うのは、なかなかむずかしい。ふたつのポストのうち、せめて帝国ホテルの会長になれたことが、本当にうれしかったんだなあ……」

小佐野は、帝国ホテルの会長に就任してからは、毎日午後二時か三時ごろに帝国ホテルの会長室にかならず姿をあらわした。書類に目を通し、熱心に仕事をしていた。ホテルで食事をするときも、公私の別をはっきりさせた。

自分で食べた料理は、きちんと現金を払っていた。木村は、そういう小佐野の姿を見て、さすがだなぁ、と感心した。

小佐野 賢治◆勝利の方程式

小佐野賢治にとって、もっとも欲しかった「看板」が帝国ホテルの会長であった。

小佐野は、帝国ホテルの非常勤取締役に就任していた。株は、国際興業、個人名義合わせて全株三千万株中約六%の百八十万株を有していた。帝国ホテル側は、他の大株主と力を合わせ、懸命に防戦につとめていた。

小佐野が狙ったのが、二百五十万株を所有する大株主の帝国ホテル会長の金井寛人だ。金井は、二部上場の「京都ホテル」も経営していた。金井は、女優の松尾嘉代にすっかり惚れこみ、「京都ホテル」の常務に据える。個人第三位の大株主にもする。「京都ホテル」の系列の「志賀高原ホテル」の取締役にも据えた。ところが、松尾は、実は人妻だった。そこで、小佐野とロッキード事件でともに逮捕される右翼の大立者児玉誉士夫系の右翼がスキャンダルにするぞと金井を脅した。最終的に、金井がそれまで絶対に手放さなかった帝国ホテルの株二百五十万株を、松尾に慰謝料的な意味で渡すようにさせた。その株が、小佐野に流れた。

小佐野は、五百四十万株と株主の一八%強を買い占め、筆頭株主となり、ついに会長の座を射止めたのであった。

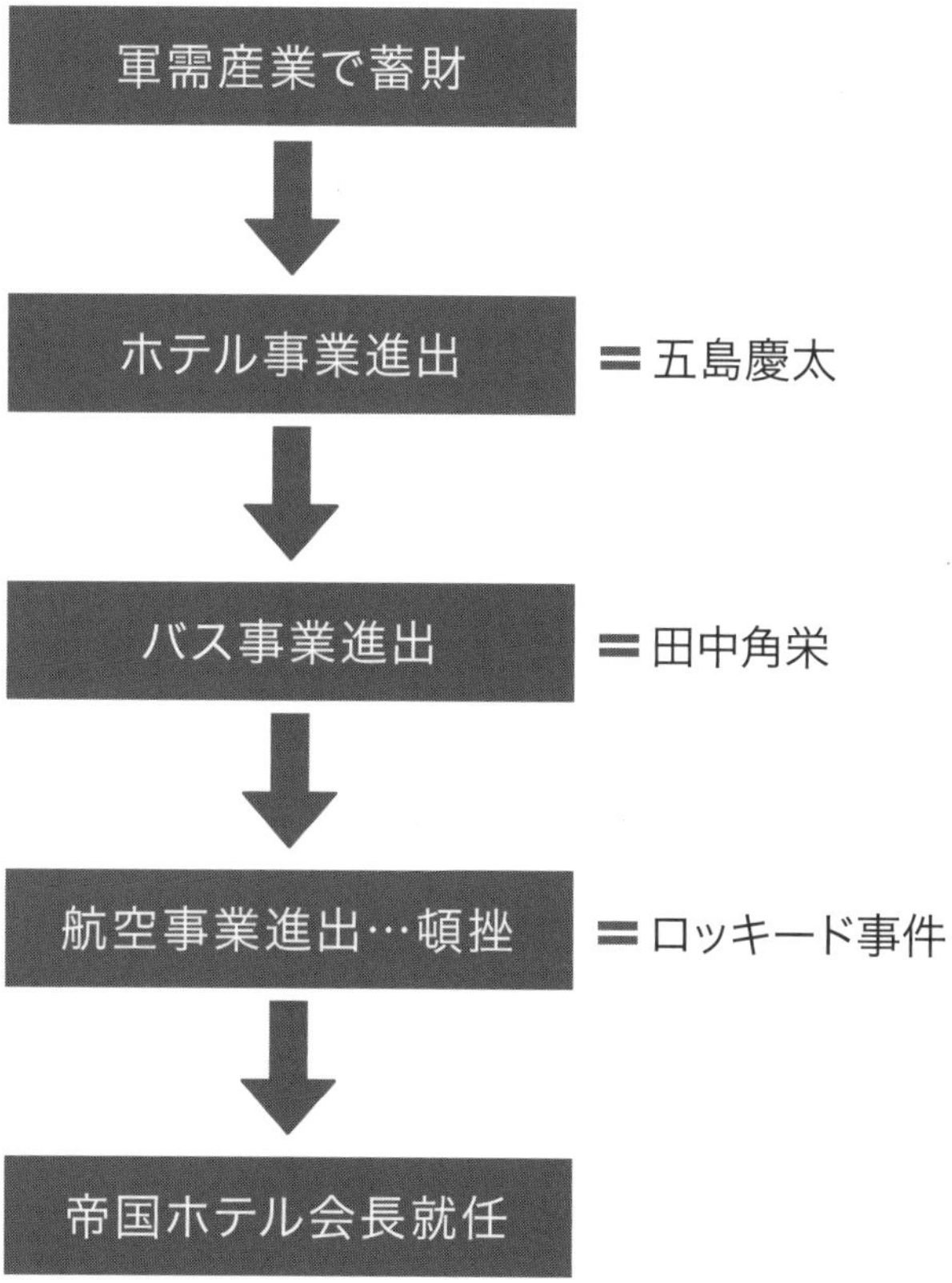

小佐野は独自の経営センスで
数多くの企業再建に成功した。

カリスマに学ぶ突破術⑫

東急と西武　ライバル同士の静かな戦い

五島昇と堤義明

――無益な戦いを終わらせた賢明な二代目経営者

五島昇と堤義明【年表】

五島 昇

・1916年（ 0歳）	五島慶太の長男として東京に生まれる。
・1940年（24歳）	東京帝国大学経済学部卒業後、 東京芝浦電気に勤務。
・1945年（29歳）	東京急行電鉄に入社。
・1954年（38歳）	東京急行電鉄社長に就任。
・1956年（40歳）	東急観光を設立。
・1959年（43歳）	東急建設を設立。
・1961年（45歳）	東急エージェンシーを設立。
・1967年（51歳）	東急百貨店本店を開店。
・1968年（52歳）	東急ホテルチェーンを設立。
・1978年（62歳）	東急ハンズ渋谷店を開業。
・1984年（68歳）	日本商工会議所会頭に就任。
・1987年（71歳）	東京急行電鉄会長に就任。
・1989年（73歳）	死去。

堤 義明

・1934年（ 0歳）	東京に堤康次郎の三男として生まれる。
・1957年（23歳）	早稲田大学商学部卒業。国土計画興業入社。
・1960年（26歳）	西武鉄道取締役。
・1964年（30歳）	伊豆箱根鉄道社長。
・1965年（31歳）	コクド社長に就任。西武鉄道副社長に就任。
・1973年（39歳）	西武鉄道社長に就任。
・1976年（42歳）	プリンスホテル社長に就任。
・1978年（44歳）	西武ライオンズのオーナーとなる。
・1989年（55歳）	西武鉄道会長。日本オリンピック委員会委員長就任。
・2004年（70歳）	価証券報告書への虚偽記載の責任を取り、 すべてのグループ会社の役員職から 辞任する事を発表。
・2005年（71歳）	証券取引法違反の疑いで 東京地検特捜部に逮捕。

東急と西武「箱根山合戦」の因縁

東京急行電鉄社長の五島昇は、東京・渋谷桜丘町の東急本社から国電原宿駅前にある西武鉄道グループの本拠国土計画に、黒のベンツを走らせていた。

堤康次郎の跡を継ぐ堤義明に会うためである。堤義明とは、はじめての会見である。

堤康次郎は、二カ月前の昭和三十九年四月二十六日に死んでいた。

東急から国土計画までは、車でわずか十分の近距離にある。「強盗慶太」、「ピストル堤」との異名をとり、おたがいに、前世からの仇同士のように争った五島慶太と堤康次郎が、このように近くに本拠を構えていたことが、あらためて不思議な気がした。

外は、鬱陶しい梅雨が降りつづけている。

〈はたして、堤義明は、こちらの頼みをすんなり呑んでくれるだろうか……〉

五島は、十八歳も年下の堤義明に、これからわざわざ頭を下げて頼みに行くのである。相手が相手である。初対面で代理の者を出せば、一蹴されるに決まっている。

頼みごとは、いま、小田原から大観山まで通す工事をしている有料道路箱根ターンパイクを、さらに大観山から鞍掛山までのばし、十国道路につなげることであった。

が、大観山から鞍掛山までの土地は、ほとんどが西武鉄道グループの買収ずみの土地である。その土地を、まっぷたつに割るようにして通させてほしい、と頼みに行くのである。もちろん、堤康次郎が生きている間は、頼めなかった。

とくに、箱根は、「箱根山の合戦」として五島慶太と堤康次郎が争った因縁の場所である。気違い沙汰の頼み、と一笑に付されたであろう。

が、慶太も、堤康次郎も、いまや世にない。おたがいに二代目の時代に移ったいま、万にひとつだが、こちらの要求を通してもらえる可能性がある。一種の賭けであった。

五島慶太と堤康次郎の対決は、「箱根山合戦」で火を噴いた。

西武は、箱根峠―十国峠―熱海峠間と、小涌谷―早雲山―湖尻間の専有道路を営々とつくりあげた。その間に、遊覧船を芦ノ湖に浮かべ、熱海温泉―箱根温泉―大涌谷―小涌谷―小田原と結んで、箱根一山を鉄壁の陣容で固めていた。

いっぽう五島慶太は、かつて支配下にあった小田急電鉄を手勢として、その子会社である箱根登山鉄道を先兵に、小田原―湯本―小涌谷―強羅へと一応征服したかたちである。

が、強羅からケーブルで登りつめた早雲山から先、芦ノ湖を目前にしながら、西武勢に立ちふさがられた。宿願の箱根制覇は、あえなく阻まれていた。やまれず、箱根登山は、小涌谷から湖尻にいたる駿豆のバス路線への乗り入れを申請した。紛争は必至とみた運輸省が、間に入った。両社で、協定が結ばれた。箱根登山側が通行料を払い、駿豆のバス路線へ乗り入れることになった。

さらに、箱根登山は、駿豆の独占していた芦ノ湖遊覧コースへも進出した。三十一年四月には、芦ノ湖に突然、大型豪華船「足柄丸」を浮かべた。

堤勢は、怒った。

「それなら、こちらにも考えがある」

駿豆鉄道は、もともとは自社のバス路線であった小涌谷—湖尻間の専有道路から、箱根登山バスを締め出してしまった。

箱根登山側は、主張した。

「協定破棄は、無効である」

西武側は、「そういう出方をするなら……」と、箱根登山バスの親会社である小田急電鉄株をひそかに買い占めた。

その株数も、半端ではなかった。百二十万株にも達したのである。箱根登山バス、小田急電鉄は、うろたえた。

争いがこじれそうなのをみた運輸省は、両社に調停案を出した。

「箱根登山は、争いの最中に申請した新バス路線は取り下げる。そのかわりに、駿豆は、一年間に限り、湖尻まで箱根登山バスの乗り入れを認める。また、堤側で買い集めた小田急の株は、あらためて小田急へ譲渡する」

両社は、結局この調停をのみ、堤側も、買い占めた小田急株百二十万株を手放した。

ところが、そこにむけて、堤康次郎が、横槍を入れてきたのだ。西武の系列会社である駿豆鉄道が、東急の申請路線とほぼ同じ経路をとおる伊東—下田間四十六キロの地方鉄道敷設免許申請をおこなったのだ。

すれ違った二人

昭和三十二年七月三日、東急、駿豆両社の鉄道敷設免許申請は、競願事項として、運輸審議会の職権により公聴会がひらかれることになった。公聴会には、公述人として、東急からは、社長の五島昇も、出席することになった。

堤康次郎は、当時国土計画観光部長で、父親の秘書をしていた息子の義明を呼んでいった。

「おい、例のチェックの背広が、公聴会に出てくるらしいぞ」

義明には、「例のチェックの背広」といわれただけで、父親が五島昇のことを指しているとわかった。

じつは、堤義明は、康次郎といっしょに、一度五島昇に会っていたのである。

昭和三十一年の夏、義明は、父親のおともをして熱海の別荘にむかうため、国電品川駅の地下道を歩いていた。

義明は、このとき早稲田大学商学部の四年生であったが、すでに康次郎の秘書をしていた。週の前半の月火水は学校に通い、後半の金土日は、二十四時間父親といっしょであった。そのようにして帝王学を受けていたのである。

義明は、康次郎に耳打ちした。

「東急の社長が、むこうから来ましたよ」

康次郎は、ジロリと五島昇を一瞥した。

五島昇は、康次郎にも義明にも気がつかず通りすぎて行った。

康次郎と義明は、地下道を通りぬけ、東海道線「いでゆ」に乗りこんだ。康次郎は、座席にすわるなり義明にいった。

「おれは、あのせがれとは、争わんぞ。五島慶太が死ねば、あのせがれは、おやじとおなじ強引なことはしないだろう。それに、あのせがれとおれが一戦交えると、おれの死後に、あのせがれが今度は、おまえに闘いを仕掛けてくる。東急と西武の争いは、永久のものになる。おまえも、余計な労力をつかうことになる。あのせがれの代には、打ち止めだ。あのせがれが、なおおれにむかってくれば別だが、おそらくむかってはくるまい。それに……」

康次郎は、窓の外の走りすぎる景色に眼を移していった。

「五島慶太が死ねば、東急という会社は、かならず内紛が起こる。あのせがれは、その戦いで疲労困慧するはずだ。とても外への攻めに転ずる暇はないだろう」

康次郎は、義明に眼を移して、断定する口調でいった。

「あのせがれには、五島慶太亡きあとの東急をまとめていく力はないよ」

「どうしてですか」

義明は、思わず訊いた。

「あんなチェックの上着を着ているような遊び人には、たいしたことはできないよ」

義明には、その意見は納得できなかった。義明には、五島昇の服装は、格好はいいが、遊び人には見えなかった。地味な服を、粋に着こなしていたにすぎない。

そのとき強い印象を残した五島昇が、今回の争いの公聴会に立つ。義明は、興味をいだいた。

昭和三十二年七月三日、運輸省八階の大会議室で、いよいよ東急、駿豆両社の鉄道敷設申請に関する公聴会がひらかれた。

五島は、最後に、青盛審議会長に、きっぱりと宣言した。

「東急が、責任をもってやります」

公聴会は、午後十一時を過ぎても、なお決着がつかなかった。ついに、翌日にまたがった。五島慶太は、二日間、築地の行きつけの料亭「新喜楽」に陣取り、一日のうち数回も公聴会の報告を受けた。公聴会での報告を受け、顔をほころばせた。

〈昇も、なかなかやるようになってきたな……〉

公聴会では、ついに結論が出なかった。解決は、持ち越された。そのために、事業免許をえるまでに、日数がかかった。事業免許が下りたのは、慶太の死後九カ月後の三十五年五月十二日であった。慶太の残した宿題のうちの、重要なひとつとなった。

五島昇は、昭和三十七年十月十九日に、小田原市早川から大観山までの起工式をおこなった。四十年の夏までには、大観山まで開通する。が、そこまでだと、十国道路などの本ルートに接続しない。伊豆箱根周遊ドライバーにとっては、はなはだ不便である。なんとしても、西武の土地を通り、十国道路などの本ルートに接続したかった。

対人関係は、貸し勘定でいるべき

梅雨に濡れたベンツの窓越しに国土計画の五階建ての建物が迫ってきた。五島の顔が、一瞬険しくなった。

が、彼は、つとめて自然な表情にもどし、いいきかせた。

〈おれは、おやじとはちがう。あくまで、おれ流のやり方で、西武の二代目と話しあおう〉

いっぽう堤義明も、五島をむかえるにさいし、緊張していた。堤義明は、三十二年春、早稲田大学商学部を卒業すると、国土計画に、観光部長として入社した。国土計画は、西武鉄道の親会社で、西武コンツェルンの持ち株会社でもある。

十月には、二十三歳の若さで、いっきょに代表取締役となった。

康次郎のところに東急攻略の話が、何度かもちこまれた。

「いまこそ、東急を攻めるときです。慶太がいなくなった東急なんて、すぐにひねりつぶせますよ」

康次郎は、つねづね義明にいっていた。

「五島慶太が死ねば、東急にかならず内紛が起こる」

が、慶太の死後、東急に内紛は起きていない。康次郎の意に反し、五島は、大番頭どもをみごと押さえきっていた。

康次郎は、いまこそ東急を、という魔のささやきに耳を貸そうとはしなかった。

「そんなことは、するもんじゃない」

が、康次郎は、義明に「昇とつきあっていい」ともいわなかった。

ただ「仕掛けるな」とだけ釘を刺した。

「うちには、うちの仕事がある。慶太の死んだのちの東急なんかに、かまっている暇はない。相手にするんじゃないぞ」

康次郎は、三十九年四月二十六日、死んだ。遺言として、義明にいっていた。

「十年間は、おれのいったとおりにやれ。十年後からは、おまえの考えでやれ」

義明には、五島の方から、何の話でわざわざ自分の城に足を運んでくるのか、わからなかった。ただ、頼みたいことがあってくることだけはわかっていた。

義明は、人づきあいの最初は、相手への貸しから入ることに決めていた。絶対に借りからは入らない。つねに対人関係は、貸し勘定でいるべきだ。最初に貸しをつくっておけば、こちらが万が一借りるとき、すくなくとも相手にへりくだらなくてもいい。

そのときも、なお対等だ。つぎは、またこちらが貸しておく関係にもちこんでおけばいい。

パーティーの席で会っても、「おいッ、義明君、どうだ元気か」と、相手に高飛車に出させたくなかった。若くして社長を継いだから、いっそうその考えに徹していた。

今回も、五島に貸しをつくってやってもいい、とは思っていた。しかし、相手の出方によっては、突っぱねようと腹を決めていた。

〈ケチなかけ引きをしてくるようなら、きっぱりと断ろう〉

自分の弱点を平然とさらす五島昇に惚れこんだ堤義明

五島昇は、国土計画四階の応接室を訪ねた。七七・四平方メートルもある広い部屋であった。入って真正面の窓の外には、雨に濡れた明治神宮の森が広がっている。借景として、これほどのいい場所は滅多にない。

入って左側の壁に、堤康次郎の遺影がかかげられていた。

五島は、その遺影を背にしてソファーに座った。父慶太と生涯にわたって戦った堤康次郎に背後から射竦められ、心の中まで見通されているようで、どことなく薄気味悪かった。

数分後、堤義明が入ってきた。

「はじめまして」

五島が声を出すと同時に、提も明るい声をかけてきた。

「はじめまして」

五島は、堤に、自分と同じスポーツマンらしいさわやかさを感じた。

一瞬にして、気分が楽になった。もともと口数が少なく、まわりくどいいい方の苦手な五島は、構えることなく、いきなり本題に入ることができた。

「今日は、箱根ターンパイクの問題でお願いに来ました」

五島は、堤の眼をまっすぐに見て、はじめから手の内を明かした。

「三島まで通せるといいんだが、それは無理だと思う。とりあえず、鞍掛山まで結べると助かる。しかし、大観山から鞍掛山までの土地は、全部おたくの土地だ。そこを、通してくれ、というのは無理だと思う。その無理を承知できたんだけど、鞍掛山まで入れてもらいたい」

堤は、五島のまったくかけ引きのない態度に、惚れこんでしまった。

〈この男は、いい男だ。一生仲良くつきあっていける男だ〉

もし、五島が、

「箱根ターンパイクは、いずれは、三島まで通すつもりでつくっている。だから、おたくの土地を通って、とりあえず鞍掛山まで行かせてほしい」

とはったりをかましてきたら、堤は即座に断っていた。

堤は、鞍掛山から三島までの土地買収がうまくいくはずのないことを知っていた。東急が、そんなところの土地買収のために金をつかうとも思えなかった。

堤は、もしそういう出方をされたら、こういっていた。

「わかりました。それでは、まず鞍掛山から三島までの土地買収をすべて終えて、あらためて来て下さい。そうすれば、大観山から鞍掛山までのわたしの土地も、お売りいたしましょう」

直接に断らずして、結果的に断ることができたのである。

ところが、五島は、はじめから妙なかけ引きはしなかった。鞍掛山から三島までの土地を買う力はいまの東急にはない、と正直に手の内を見せたのである。

かけ引きをすると、人間が安っぽくなる。五島は、手の内をさらし、裸で頼んできたのである。自分の弱点を平然とさらすのは、勇気のいることである。堤は、五島のその態度にすっかり惚れこんでしまった。

もし相手が五島でなければ、いくら相手に手の内を見せられても、「何を、寝ボケたことを頼みに来たんですか」と、ひと蹴りしていた。が、東急とは、親の代から喧嘩をしていただけに、断りづらい。断れば、世間は、「やはり、昔喧嘩していたから断ったんだ」という。

が、なにより、五島の出方が正直だったので、堤は即座に答えた。

「いいでしょう。鞍掛山まで通るのに必要な土地は、そっくりお売りしましょう」

五島は、逆におどろいた。まさか、その場で即答されるとは思いもしなかった。万が一引き受けてもらえるにしても、役員会にかけて後、と思っていた。

〈堤義明の力は、社内において絶大なるものがあるんだな…〉

五島は、堤に感心とおどろきの念を抱いて引きあげた。

鬱陶しい梅雨が、にわかに晴れあがったような気持ちであった。

西武対東急の宿縁の争いに終止符を打つ

いっぽう堤は、あとで社員に苦い顔でいわれた。

「どうして、そんな東急にばかり都合のいい話を呑まれたんですか。もうちょっとうまく、断られたんじゃないですか。自分では、五島さんの手前うまく曖昧にいっておいて、あとでわたしたちが行って断ることもできたんじゃないですか」

堤は、首を振った。

彼は、上の者は調子のいいことをいって体裁をつくろい、あとで部下に断らせる経営者が大嫌いであった。断るときには、自分がはっきりと断った。自分は、オーナー経営者で、強い。恨まれてもいい。部下に断らせると、部下が恨まれる。部下は、立場が弱いからかわいそうだ。

堤は、部下にいった。

「五島さんは、信頼にたる男だ。東急とは、これから、もっと踏みこんで仲良くやっていきたいからこそ、五島さんの顔を立てたんだ。みんなも、これからは、その気で東急とつきあえ」

西武対東急の宿縁とさえ思われていた争いは、この日をもって打ち切られたのである。

五島昇と堤義明◆勝利の方程式

西武鉄道グループの堤康次郎と東急電鉄グループの五島慶太の争いは、「強盗慶太」「ピストル堤」との異名を取り、前世からの仇同士のようであった。特に箱根をめぐっては「箱根山の合戦」とまで呼ばれていた。

二代目の五島昇は、やはり二代目の堤義明に、こともあろうに因縁の箱根に関する仕事への協力を頼みに向かった。

五島は、堤より十八歳も年上であった。が、もしこちらが居丈高に接すれば、相手は話さえ聞こうとしないであろう。

一方、堤は、五島の出方によっては、突っぱねようと腹を決めていた。

さて、五島は、堤の眼をまっすぐに見て、はじめから手の内を明かし頼み込んだ。

堤は、五島のまったく駆け引きのない態度に惚れこんでしまった。堤は、もし五島がはったりをかましていたら、即座に断っていたという。

駆け引きをすると、人間が安っぽくなる。五島は、手の内をさらし、裸で挑んできたのである。自分の弱点を平然とさらすのは、勇気のいることである。堤は、五島のその態度にすっかり惚れこんでしまった。かくして、先代の戦いは、氷解したのであった。

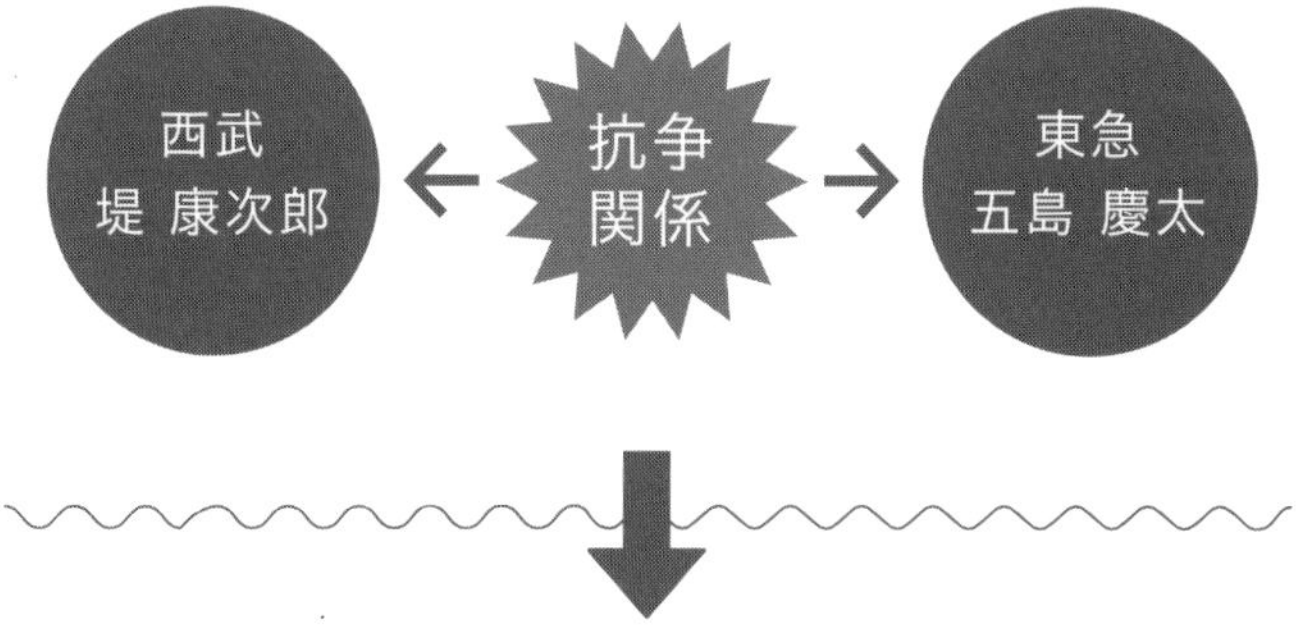

安定した成長を望む二代目は
共存関係を探る

大下 英治（おおした えいじ）

1944 年 6 月 7 日、広島県に生まれる。1968 年 3 月、広島大学文学部仏文科卒業。1970 年、『週刊文春』の記者となる。記者時代『小説電通』（徳間文庫）を発表し、作家としてデビュー。さらに月刊『文藝春秋』に発表した「三越の女帝・竹久みちの野望と金脈」が反響を呼び、岡田社長退陣のきっかけとなった。1983 年、週刊文春を離れ、作家として政財官界から経済、芸能、犯罪まで幅広いジャンルで創作活動をつづけている。
著書は、『十三人のユダ三越・男たちの野望と崩壊』『美空ひばり・時代を歌う』（以上、新潮社）、『闘争！角栄学校』（講談社）、『トップ屋魂　首輪のない猟犬』（イースト・プレス）など 400 冊以上にのぼる。近著には、『田中角栄秘録』『官房長官秘録』『小泉純一郎・進次郎秘録』『清和会秘録』（ともにイースト・プレス）、『映画女優　吉永小百合』（朝日新聞出版）、『専横のカリスマ　渡邉恒雄』（さくら舎）、『田中角栄の酒』（たる出版）、『誰が復興を阻んだか』（悟空出版）、『二階俊博の政界戦国秘録①』（紀州新聞社）などがある。

カリスマに学ぶ
目の前の壁を突破する力

2016年7月10日 第1刷発行

著　　者　大下 英治
発 行 人　出口 汪
発 行 所　株式会社水王舎
東京都新宿区西新宿 6-15-1
ラ・トゥール新宿 511　〒160-0023
電　　話　03-5909-8920

本文印刷　慶昌堂印刷
カバー印刷　歩プロセス
製　　本　ナショナル製本
装　　丁　福田 和雄（FUKUDA DESIGN）
本文 DTP　安田 和樹
編集協力　土田 修
編集統括　瀬戸 起彦（水王舎）

ISBN978-4-86470-039-9

http://www.suiohsha.jp